환율의 미래

절대 피해갈 수 없는
'위기'와 '기회'의 시대가 온다!

The Future of Exchange Rate

홍춘욱 지음

에이Оj지21

환율의 미래는 당신의 미래와 직결된다

2008년 글로벌 경제위기 이후 환율이 꾸준히 떨어지면서 곧 900원대를 볼 것이라는 기대를 가지기도 했지만, 2015년 달러/원 환율은 다시 1,200원을 넘보는 수준으로 급등하고 말았다. 이런 격렬한 환율 변화는 다시 한 번 '외환시장'의 중요성을 일깨워주는 계기로 작용했다. 특히 중국 위안화의 평가절하를 계기로 경쟁적인 신흥국 통화의 평가절하(=가치 하락)가 진행되는 게 아니냐는 공포가 세계 금융시장을 뒤덮고 있다.

이처럼 외환시장, 그리고 그곳에서 결정되는 환율은 우리 경제 곳곳에 큰 영향을 미치는 중요한 변수지만, 이 시장을 이해하고 있는 사람은 많지 않은 것이 현실이다. 이 책에서 외환시장과 관련된 여섯 가지 이야기를 하게 될 텐데, 이 이야기를 차근차근 따라오다 보면 외환시장이 어떤 곳이며, 나아가 환율의 변동을 어떻게 이해할 것인지에 대해 이해할 수 있을 것이다.

이 책에서 할 첫 번째 이야기는 외환시장의 구조와 환율 결정의 시스템에 대한 것이다. 언론에서는 원/달러 환율이라는 표현을 많이 쓰는데, 국제 금융시장에서는 달러를 앞에 놓고 환율을 표기하는 게 일반적인 이유 등을 설명한다. 특히 고정환율제도와 변동환율제도가 어떤 것인지를 이야기한다. 싱가포르의 환율제도처럼 변형된 고정환율제도가 작동하는 방식에 대해서도 살펴볼 것이다.

두 번째 이야기는 지난 2015년 봄 세계 경제를 폭풍 속으로 몰아넣었던 남유럽 재정위기가 어떻게 해서 발생했고, 또 어떤 해결 과정을 밟을 것인지에 대해서도 살펴볼 것이다. 고정환율제도가 얼마나 큰 문제를 야기하는지, 그리고 제대로 준비되어 있지 않은 나라가 강대국에 환율을 고정시키면 어떤 파국적인 결과를 초래하는지에 대해 알게 될 것이다.

세 번째 이야기는 환율을 결정짓는 여러 요소에 대해 이야기하는 한편, 한국이 1997년처럼 또 다시 외환위기를 경험할 가능성을 점검한다. 이 과정에서 환율을 결정짓는 다양한 요인에 대해 배울 것이며, 최근 우리나라의 국가 신용 등급이 상향 조정된 이유도 이해할 수 있을 것이다. 물론 일부에서는 국제 신용평가 기관들이 한국을 또 한번 털어먹기 위해 공작하고 있다는 식으로 폄하하나, 직접 숫자를 확인하면 실상이 전혀 다르다는 사실을 파악할 수 있을 것이다.

네 번째 이야기는 '채찍 효과'에 대한 것이다. 채찍 효과란 채찍의 손잡이를 조금만 흔들어도 채찍의 끝부분이 크게 요동치듯, 소비자의 사소한 기호 변화가 부품 및 원자재 생산업체의 매출에 크나큰 영향을 미치는 현상을 지칭한다. 한국은 1인당 국민소득 3만 달러를 눈앞에 둔 선진국임에 분명하나, 항상 선진국 경기의 변동에 좌우되는 모습을 보였다. 채찍 효과를 이해하는 순간, 환율의 변동이 어떻게 한국의 자산 가격에 영향을 미치는지 예측할 힘을 갖게 될 것이다.

다섯 번째 이야기는 한국의 원을 비롯한 일본의 엔, 중국의 위안 등 주요 아시아 통화의 미래에 대한 것이다. 특히 일본의 아베노믹스가 2013년에서야 시행된 이유 등을 중점적으로 살펴볼 것이다. 물론 중국의 위안화가 기축통화가 될 가능성을 검토할 텐데, 아마 시장의 중론과 많이 동떨어진 이야기가 나올 것 같아 살짝 걱정되기도 한다.

마지막 이야기는 자산배분에 대한 것이다. 한국 사람이 재테크에서 얼마나 큰 행운을 타고났는지 파악할 수 있는 시간이 되리라 믿으며, 이 부분을 읽은 후 부동산 일변도의 자산배분에 큰 변화가 나타났으면 하는 마음이다. 이 자리에서 조금만

힌트를 주자면, '미국 달러 표시 자산을 매입하라'는 내용이 담겨 있다.

　이상의 여섯 가지 이야기를 듣고 나면, 적어도 외환시장 관련해서 웬만한 궁금증은 다 풀릴 것으로 믿는다. 물론 이는 궁금증의 해소 수준에 불과하다. 만일 진심으로 FX 트레이딩을 추구하려는 사람이 있다면, 이 책을 디딤돌 삼아 본격적인 공부가 더 필요할 것으로 생각한다. 그러나 이런 수준이 아닌, 다른 자산에 대한 투자의 활용 차원이거나 기업의 재무 담당자로서의 환율 지식 함양 등을 목적으로 한 독자는 상당한 기반을 마련할 수 있을 것으로 기대한다.

　1993년부터 이코노미스트로 일하면서 배우고 또 느꼈던 외환시장에 대한 지식을 한 권에 담는 것은 쉽지 않은 작업이었지만, 더 이상 늦출 수 없는 상황이라 생각되어 결국 회사를 옮기는 동안에 생긴 짬을 이용해 이 책을 썼다.

길지도 않은 휴식 시간 동안 아이들을 돌보며 고생한 사랑하는 아내 이주연, 동생 돌보느라 고생한 큰아들 채훈, 부쩍 성장한 모습을 보이며 어깨를 가볍게 만들어준 막내아들 우진, 그리고 늘 아들을 위해 기도하시는 어머님과 사랑하는 두 동생에게 이 책을 바친다.

6장 안전하게 수익을 극대화하는 투자법

WESTERY

"돈이 없으면 상업화와 무역은 이루어질 수 없다. 아무것도 없는 상태에서 새로운 화폐 제도를 만들어내는 것은 결코 간단한 일이 아니다. 화폐가 누구에게나 통용될 수 있는 형태를 갖추고 있지 않다면 화폐로서의 기능을 수행할 수 없기 때문이다."

—피터 L. 번스타인, 〈황금의 지배〉—

1장

환율을 알면
경제를 보는 눈이 뜨인다

환율이 움직이면 어떤 영향을 받는가?

　환율은 한 나라 화폐의 상대적인 가치를 의미한다. 한국은 원, 일본은 엔, 미국은 달러 등 세계에는 각 나라의 화폐가 무수히 존재하며, 이 다양한 화폐의 교환비율을 환율이라고 부른다. 신문이나 방송에서 어제 달러/원 환율이 1,100원이었다고 이야기하는 것은 미화 1달러가 원화 1,100원으로 교환되었다는 뜻이다.

　그렇다면 환율이 움직일 때 우리는 어떤 영향을 받게 될까? 어제 달러/원 환율이 1,100원이었지만 오늘 1,300원까지 상승한 경우를 살펴보자. 미국에서 500달러에 팔리고 있는 애플의 아이폰을 어제 우리 돈 55만 원에 구입했지만, 오늘은 65만 원으로 가격이 상승해, 어제보다 10만 원을 더 지불해야 한다. 같은 기간 한국 갤럭시 노트의 가격이 55만 원에 머물러 있다면, 예전보다 많은 사람이 갤럭시 노트를 구매하려 들 것이다. 물론 소비자 입장에서는 선택의 폭이 줄어드는 등 손실이 발생한다고도 볼 수 있다. 특히 갤럭시 노트 같은 대체재가 없는 제품, 이를 테면 휘발유나 경유 같은 경우에는 환율 상승이 곧바로 소비자 가격의 상승으로 연결될 것이다.

반대로 어제 1,100원이었던 달러/원 환율이 오늘 900원으로 떨어진 경우를 생각해보자. 환율 상승의 경우와 반대 현상이 나타날 것이다. 미국에서 500달러에 팔리는 아이폰의 원화 환산 가격은 어제 55만 원에서 오늘 45만 원으로 10만 원 떨어질 것이며, 갤럭시 노트를 비롯한 한국의 경쟁 제품은 상대적으로 가격이 비싸 보일 것이다. 대신 소비자 입장에서는 싼 가격에 해외에서 수입된 물건을 구입할 수 있어, 환율 하락으로 구매력이 개선되는 효과를 거둔다.

**환율이 오를 때마다
가격 표를 바꿔달 수는 없다**

물론 지금까지의 이야기는 환율

변동을 제품 가격에 바로 반영시키는 경우를 전제로 했지만, 환율 변동이 가격 인상으로 즉각 연결되는 경우는 생각보다 그렇게 많지 않다.

전문가용 고급 카메라처럼 거의 100퍼센트 수입되는 시장을 가정해보자. 캐논이나 소니 같은 해외의 유명 카메라 제조업체는 한국 시장에 물건을 출시할 때 환율 변동을 어느 정도 감안해 제품 가격을 책정하는 것이 일반적이다. 환율이 변동한다고 제품 가격을 매번 바꾸면 판촉물 제작의 비용이 들 뿐만 아니라, 도매 및 소매상도 가격 변화에 맞춰 마진을 새롭게 조정하는 데 많은 비용과 시간이 발생하기 때문이다. 이런 현상을 바로 '메뉴 효과'*라고 한다. 이런 메뉴 효과를 가장 잘 보여주는

알고 가자! 메뉴 효과

메뉴 효과는 폴 크루그먼의 책 〈경제학의 향연(1997년)〉의 9장 'QWERTY 경제학' 부분에 상세히 설명되어 있다. 키보드 영문 자판의 맨 왼쪽 윗부분의 알파벳 'QWERTY'는 19세기부터 사용되어 온 타자기의 자판 배열에서 유래한 것으로, 한국의 2벌식 자판 배열처럼 인체의 손가락 운동이라는 측면에서 비효율적이다.(알파벳에서 가장 많이 쓰이는 글자는 T, S, E 등인데, 이들이 모두 왼쪽에 배치되어 있다) 그렇지만 타이피스트들이 이미 자판 번호에 따라 타자기의 사용법을 익혔고, 생산자는 타이피스트들이 이 자판 배열에 익숙해 있기 때문에 'QWERTY' 타자기와 컴퓨터 키보드를 생산했던 것이다. 1980년대 초 폴 데이비드를 비롯한 일련의 경제학자는 이 'QWERTY'가 경제에 아주 의미심장한 영향을 미친다는 것을 발견했다. 아무리 비효율적이며 비합리적이더라도 이미 오래전부터 익숙해진 것, 그리고 변경에 비용이 많이 드는 것에 대해서는 '선택의 자유'가 사실은 존재하지 않는다는 것이다.

예가 우리가 쓰는 키보드다. 키보드 한글 자판의 배열이 자음은 왼손으로 모음은 오른손으로 타이핑하게 되어 있는데, 이를 이상하게 느낀 사람이 꽤 많을 것이다. 오른손잡이가 많은 상황에서 오른손이 모음을 두드리기보다는, 오른손으로 사용량이 많은 자음 자판을 두드리는 게 훨씬 효율적이기 때문이다. 그런데 왜 우리나라의 키보드는 자음을 왼쪽, 모음을 오른쪽에 배치해 놓았을까?

[표 1] 한글 2벌식 키보드

그것은 예전부터 사용되던 수동식 타자기의 자판 배열(미국은 QWERTY 자판, 한국은 2벌식 자판)에 따라, 컴퓨터의 키보드도 따라갔기 때문이다. 키보드의 자판 배열처럼 이미 수십만 아니 수백만의 사용자가 '불편한' 혹은 '불합리한' 방식에 이미 익숙해졌다면, 이를 수정하는 데 엄청난 비용이 수반된다. 상당수 사람이 불편한 자판 배열에 이미 익숙해졌는데, 예전과 다른 자판을 채택한 '편리한' 키보드를 출시해 봐야 큰 호응을 이끌어내기 어려울 것이기 때문이다.

결국 소비자 가격을 환율 변화에 맞춰 자주 바꾸는 것은 키보드 자판 배열의 변경처럼, 많은 비용과 소비자의 불편을 초래한다. 이런 까닭으로 니콘이나 소니 등의 카메라 제조업체는 2008년 환율 급등 시에는 소비자 가격을 조정하지 않다가, 2009년 봄에야 가격을 인상했던 것이다.

시장의 경쟁 수준도 가격 조정에
중요한 영향을 미친다

빈번한 가격 조정의 번거로움 이외에 시장에서의 경쟁 수준도 제품 가격에 영향을 미친다. 앞에서 예로 들었던 스마트폰 시장을 살펴보자. 스마트폰 시장에서 애플과 삼성전자뿐만 아니라 LG와 팬택 등 다양한 업체가 치열한 경쟁을 벌이고 있다면, 달러/원 환율이 200원 올랐다고 아이폰의 한국 판매 가격을 10만 원이나 바로 인상하기는 쉽지 않을 것이다. 왜냐하면 가격 인상으로 한국 스마트폰 시장을 송 두리째 경쟁자에게 빼앗길 수 있기 때문이다.

반대로 한국에 이렇다 할 경쟁자가 없는 상황이라면 어떻게 될까? 아마 그 업체는 달러/원 환율이 내릴 때 제품 가격을 동 결해 마진을 확대하고, 반대로 환율이 상승할 때 어김없이 제 품 가격을 인상해 마진을 유지하며 환율 변동의 위험을 모두 소비자에게 전가하려 들 것이다. 결국 경제가 개방되어 경쟁하 는 기업의 숫자가 많다면, 환율 변동에도 불구하고 제품 가격 이 변동할 가능성이 낮을 것이다. 반대로 경제가 폐쇄적이라 시장에서 경쟁하는 기업의 숫자가 적다면 환율 변동의 충격이 즉각 경제 전반에 미칠 것이며, 또 문제를 해결하기 위한 정부 의 시장 개입도 빈번하게 이루어질 수밖에 없다.

왜 '원/달러' 환율이 아니고, '달러/원' 환율인가?

이 대목에서 잠깐 독자의 궁금증을 풀어보자. 다른 책이나 언론에서는 '원/달러 환율'이라는 표현을 쓰는데, 왜 이 책에서는 '달러/원 환율'이라는 표기법을 쓰는지 궁금했을 것이다.

외환시장에서의 환율 표기법은 크게 두 가지가 있다. 하나는 직접표시법(Direct quotation, 자국통화 표시법)이며, 다른 하나는 간접표시법(Indirect quotation, 외국통화 표시법)이다. 이 이름에서 이미 느꼈겠지만, 한국을 비롯한 거의 대부분의 나라는 직접표시법을 사용한다. 여기서 직접표시법이란 기준이 되는 외국통화 한 단위(달러나 유로)와 교환될 수 있는 자국통화를 표시하는 것이다. '어제 달러/원 환율은 1,100원으로 장을 마감했다'는 표현이 직접표시법의 예가 되겠다.

[표 2]는 세계적인 정보통신 단말기, 블룸버그의 외환시장 조회 화면인데 'USDKRW'라는 부분을 쉽게 확인할 수 있을 것이다.(밑에서 네 번째 줄을 보면 된다) 이처럼 대부분의 나라는 미 달러화를 앞에 표시하는 '직접표시법'을 따르고 있지만, 예외가 없는 것은 아니다. '예외'가 되는 통화는 바로 미 달러화보다 세상에 먼저 출현한 영국이나 여러 유럽 국가의 경우다.

[표 2] 주요 통화의 환율 표기법

품목	Low	Bid	Ask	High	Day %Chg	Open
EURUSD	1.4355	1.4387	1.4387	1.4402	-0.0030	1.4390
USDJPY	91.40	91.56	91.57	91.77	0.0028	91.48
GBPUSD	1.5932	1.5956	1.5957	1.5992	0.0013	1.5960
USDCHF	1.0307	1.0358	1.0360	1.0389	0.0010	1.0357
USDCAD	1.0457	1.0472	1.0473	1.0502	-0.0027	1.0494
AUDUSD	0.8828	0.8877	0.8878	0.8887	0.0059	0.8834
NZDUSD	0.7045	0.7090	0.7091	0.7095	0.0037	0.7059
USDSEK	7.2583	7.2615	7.2644	7.2849	0.0025	7.2675
USDNOK	5.7877	5.7929	5.8028	5.8148	0.0024	5.7994
USDDKK	5.1698	5.1740	5.1743	5.1860	0.0030	5.1734
USDMXN	12.8356	12.8529	12.8829	12.8930	-0.0040	12.8369
USDBRL	1.7623	1.7615	1.7645	1.7630	0.0000	1.7625
USDTRY	1.5122	1.5130	1.5140	1.5178	0.0023	1.5178
USDZAR	7.4829	7.5279	7.5579	7.5623	0.0022	7.5316
USDSGD	1.4052	1.4057	1.4061	1.4091	-0.0016	1.4072
USDTWD	32.232	32.256	32.260	32.274	-0.0003	32.260
USDKRW	1168.20	1170.00	1170.30	1175.30	-0.0038	1174.90
USDHKD	7.7546	7.7557	7.7557	7.7564	0.0000	7.7555
USDINR	46.5000	46.6500	46.6600	47.0750	0.0000	46.6550
USDIDR	9438	9445	9450	9485	-0.0034	9475

대표적인 예가 유로와 파운드, 그리고 오스트레일리아와 뉴질랜드 등이다. 이들은 간접표시법, 즉 자국통화 한 단위와 교

환될 수 있는 외국통화를 표시한다. 예를 들어 '어제 유럽 시장에서의 유로/달러 환율 종가가 1.40였다'라는 표현이 간접표시법이다.

이제 조금 응용해보자. 달러/원 환율은 1달러에 대한 원화의 교환 비율이다. 이제 환율이 1,100원에서 1,200원이 되었다면? 달러는 원화에 대해 어떻게 변한 것인가? 그렇다. 달러가 '기준'이니, 환율이 상승하면 '달러 강세'다.

반대로 유로/달러 환율이 기준 1.40에서 1.20으로 하락했다면? 유로화는 강세인가 약세인가? 마찬가지로 기준이 되는 통화가 앞에 오니, 환율의 하락은 유로화의 약세를 의미한다. 이런 식으로 기준이 되는 통화는 '앞자리'에 온다는 것만 기억하면, 환율의 변동에서 즉각 통화 가치의 하락과 상승을 유추할수 있다.

3

환율이 고정될 수는 없나?

 여기까지 읽은 독자라면 또 한 가지 의문이 떠오를 것이다. 왜 귀찮게 환율의 변화를 체크해야 하는가? 그냥 환율을 달러나 유로화에 대해 고정시켜 두면 안 되는가?

 이런 주장을 펼치는 대표적인 사람이 싱가포르 국립대학의 신장섭[1] 교수다. 신 교수는 2008년 금융위기에도 외환시장이 안정되었던 싱가포르의 사례를 거론하며, 싱가포르가 채택하고 있는 '바스켓 방식'의 외환시장 제도 채택을 권유한다. 여기서 바스켓 방식의 외환시장 제도는 1990년대 초반 한국이 채택하고 있던 일종의 고정환율제도로, 완전히 환율을 고정시키는 게 아니라 점진적인 변화를 유도하는 특징을 지니고 있다.

[표 3] 1980년 이후 달러/원 환율 추이

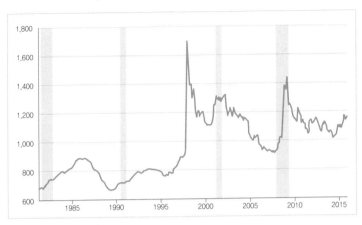

자료: 미국 세인트루이스 연준

실제로 [표 4]를 보면, 미 달러에 대한 싱가포르 달러의 교환 비율은 1.6~1.2배 수준에서 변동하고 있는 것을 알 수 있다. 특히 신 교수가 지적한 것처럼, 2008년 글로벌 경제위기 때도 환율의 상승폭이 불과 10% 전후에 그치는 등 매우 안정된 것을 알 수 있다.

[표 4] 1980년 이후 미 달러/싱가포르 달러 환율 추이

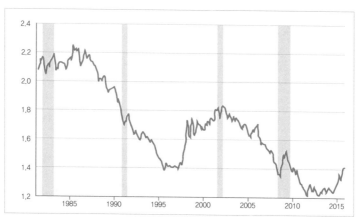

자료: 미국 세인트루이스 연준

이것만 보면 싱가포르의 외환제도가 매우 매력적으로 보이지만, 관리변동환율제도에는 몇 가지 심각한 문제가 있다. 가장 큰 문제는 바로 금융정책의 독립성이 사실상 사라진다는 데 있다.

[표 5]와 [표 6]은 차례대로 싱가포르와 미국의 은행간 금리. 즉 정부 정책금리의 추이를 보여주는데, 미국 금리와 거의 동일한 변화를 보이는 것을 확인할 수 있다. 왜 이런 일이 벌어지는지 간단한 예를 통해 알아보자. 싱가포르가 자국 내에 발생한 경제위기(부동산 가격 폭락 등)에 대응해 시장금리를 미국보다

[표 5] 싱가포르 은행간 금리

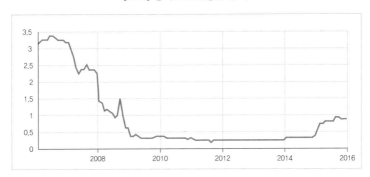

출처: 트레이딩 이코노믹스

[표 6] 미국 은행간 금리

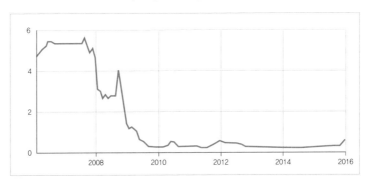

출처: 트레이딩 이코노믹스

낮은 수준으로 유도하면 어떤 일이 벌어질까?

싱가포르 달러의 가치가 미국 달러에 사실상 고정되어 있는 만큼, 환율 변동에 따른 위험이 전혀 없으니 투자자는 싱가포르에 예치해놓은 돈을 빼서 미국 은행으로 옮기려 들 것이다. 외환시장에서 달러에 대한 수요가 크게 증가하니, 당연히 미달러/싱가포르 달러 환율이 상승해야 한다.(=달러 강세) 그러나 싱가포르 정책 당국은 환율을 적정 범위에서 관리하고 싶어하니, 할 수 없이 외환시장에 달러화를 팔고 싱가포르 달러를 매수하는 개입을 단행할 수밖에 없다.

　문제는 이 상황이 끝도 없이 진행되면, 결국 싱가포르의 외환보유고가 고갈된다는 데 있다. 즉 경기를 부양하겠다고 괜히 금리를 인하했다가 외환보유고 고갈이라는 더욱 큰 위기를 촉발시키는 것이다. 게다가 투자자의 싱가포르 달러 예금의 인출 사태는 경제 전체에 통화공급을 줄이기에 금리 인하의 경기부양 효과는 허공으로 사라지게 된다.

　이런 연유로 관리변동환율제도를 채택하는 나라는 미국의 금리와 비슷한 수준을 유지하는 등 통화정책의 자유를 상실하게 된다. 그리고 이런 통화정책의 자유 상실은 최근 중국의 위안화 평가절하 이슈에서도 잘 드러난다. 이 문제를 살펴보자.

중국이 '꿈'까지 버리며
위안화 평가절하에 나선 이유는?

중국이 2015년 8월 11일부터 사흘간 위안화 평가절하(=달러/위안 환율 상승)를 단행한 것은 세계 금융시장에 매우 큰 충격을 준 사건이었다.[2] 왜 중국은 위안화 평가절하를 단행하는 한편, 외환시장에서의 환율 변동폭을 확대하는 조치를 취했을까?

그 이유를 지금까지 얻은 지식을 활용해서 살펴보자.

[표 7] 미 달러에 대한 중국 위안화 환율 추이

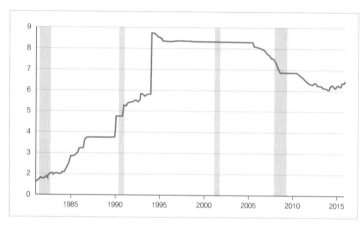

출처: 미국 세인트루이스 연준

'저성장의 위기'에 빠져들게 된 첫 번째이자
가장 직접적인 요인은 수출 부진

　　　　　　중국이 그간 지속적으로 위안화의
평가절상(=달러/위안 환율 하락)을 추진해오다, 2015년 갑자기 방향
을 선회한 것은 경기가 안 좋기 때문이다. 왜 경기가 나빠졌을
까. 중국은 1978년 개혁개방 이후 지속적으로 수출로 먹고 사
는 나라였는데 수출이 [표 8]에서 보듯 잘 안 되고 있다. 중국
의 3대 수출지역인 미국, 유럽, 그리고 홍콩으로의 수출을 보

면, 2013년 홍콩으로의 수출이 잠깐 반짝했던 것을 제외하고는 지속적으로 하강 추세라 할 수 있다.

중국 수출이 부진한 이유는 무엇보다 선진국 경기가 나쁘기 때문이며, 다음으로는 글로벌 달러 강세 때문이다. 특히 미국의 달러 가치가 최근 급등세를 보이면서 미 달러에 사실상 고정되어 있는 위안화의 가치도 덩달아 상승시키고 있다.

[표 8] 중국의 주요 지역별 수출

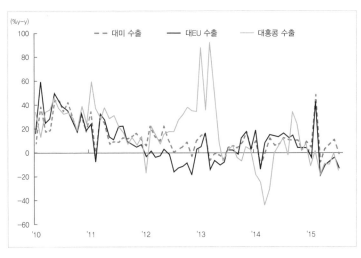

물론 중국이 위안화 평가절하 이전에 다른 조치를 취하지 않은 게 아니다. 중국 정부는 부동산과 사회간접자본(SOC, 도로나

항만 철도 등)에 대한 대규모 투자를 단행했는데, 수출경기가 좋지 않다 보니 이게 다 공급과잉으로 연결되었다. 중국 경제가 어마어마한 공급과잉에 직면했음을 보여주는 가장 좋은 지표가 생산자물가의 동향이다.

[표 9]는 중국의 소비자 및 생산자 물가 동향을 보여주는데, 생산자물가가 2012년부터 마이너스를 기록하고 있음을 알 수 있다. 특히 중국의 부동산 가격이 최근 급등한 탓에 주거비 물가가 상승했음을 감안하면, 소비자물가의 수준도 매우 낮은 것으로 볼 수 있다. 이후 일본 경제 이야기를 할 때 본격적으로 다루겠지만, 이렇게 물가가 마이너스를 기록한다는 것은 경제에 상당히 심각한 문제가 생겼다는 것으로 해석될 수 있다.

일단 생산자물가가 하락하면 기업의 입장에서 매출 감소를 경험할 가능성이 높으며, 나아가 기업이 체감하는 실질금리가 상승하게 된다. 여기서 실질금리란, 대출금리에서 물가 상승률을 뺀 것으로 기업의 체감 금리라 할 수 있다. 생산자물가 상승률이 2015년 11월 −5.9%를 기록했는데, 대출금리가 5%라면 기업의 체감 금리는 무려 10.9%에 이르는 셈이다. 이런 살인적인 금리 수준에서는 기업의 활동이 제대로 이뤄질 리 없으니, 중국 경제는 과거의 활력을 잃어버린다.

[표 9] 중국 소비자물가와 생산자물가 상승률 추이

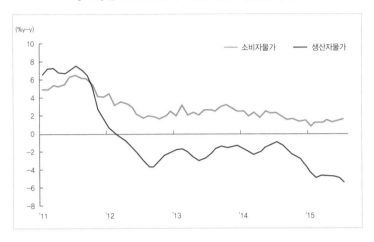

위안화 평가절하 말고는
다른 대안이 없다

외부로부터의 부정적 충격, 즉 수출 부진으로 인해 경제의 성장 탄력이 급격히 둔화될 때 정부가 쓸 수 있는 정책은 크게 세 가지다.

첫 번째이자 가장 효과적인 정책은 금리를 인하하는 것이다. 한국은행이 2015년 두 차례의 금리인하를 단행한 것도 이 때문이라 할 수 있다. 그런데 중국에서는 금리인하의 효과가 거의 나타나지 않았다. 왜냐하면 미국과 사실상 '고정환율제도'를 유지하고 있었기에, 미국과의 금리 차 축소를 계기로 대거 자금이 이탈했던 것이다.

[표 10]은 이런 상황을 잘 보여준다. 매월 500억 달러 내외의 무역수지 흑자를 기록하는 중국의 외환보유고가 급격히 감소하는 것은, 중국에 투자되었던 단기성 투자자금(hot money)이 일제히 이탈하고 있는 신호로 볼 수 있다. 그리고 이런 대규모 자금 유출은 금리인하에 따른 효과를 상쇄시키는 것은 물론 중국 경제 전반에 통화공급의 감소를 초래하고 있다.

이런 상황은 싱가포르의 정책금리가 미국과 같은 방향으로 움직이는 것에서 이미 지적한 바 있다. 중국은 지금껏 강력한 외환 통제를 통해서 이런 단기성 투자 자금의 유출 문제를 해결해왔는데, 드디어 한계에 봉착한 것으로 볼 수 있다. 왜냐하면 경제 규모가 커지면서 정부의 규제를 피할 수 있는 다양한 방안이 개발되었기 때문이다. 또 중국 정부도 후강통 등 금융시장을 점점 개방한 것이 단기성 투자 자금의 유출 규모를 확대시켰다고 볼 수 있다.

[표 10] 중국 외환보유고 추이

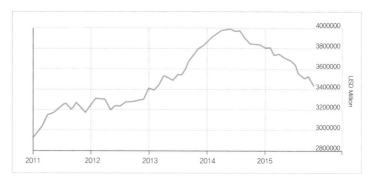

출처: 트레이딩 이코노믹스

중국 정부가 고려해볼 수 있는 두 번째 정책은 재정 정책이다. 그런데 여기에는 많은 문제가 있다. 왜냐하면 중국의 부동산 경기가 빠르게 식으면서 지방정부의 재정이 부실화되었기 때문이다. 한국도 그렇듯 지방정부의 예산은 대부분 부동산 관련 세금이나 토지 매각 차익으로 구성된다. 따라서 대규모 재정 정책을 시행하려면, 지방정부의 세금 부족 문제를 어떻게든 해결해줘야 한다. 물론 시진핑 정부가 지방정부의 채무를 '지방채'로 전환하는 등의 대대적인 지방 재정 개혁을 추진하고 있는 게 사실이지만, 이 역시 부채의 만기를 연장하고 금리를 낮춘 것일 뿐 문제를 완전히 해결한 것이 아니다.

결국 중국 정부가 고려할 수 있는 마지막 정책 대안은 위안화 평가절하가 될 수밖에 없다. 먼저 수입물가가 상승하면서 경제 전반의 디플레이션 압력을 완화할 수 있다. 게다가 수출 기업의 가격 경쟁력이 개선될 수 있으니, 기업의 재무 구조 악화 문제도 해결할 수 있는 일거양득의 효과를 기대할 수 있다.

그렇다면 이 좋은 정책을 그간 왜 안 했을까? 그것은 바로 '기축통화에 대한 꿈'과 연관되어 있다. 중국은 끊임없이 결제통화 및 준비통화로써의 지위 상승을 노려왔으며, 이 위치를 가지기 위해서는 무엇보다 환율이 안정적으로 변동하고 또 지속적으로 절상(=달러/위안 환율 하락)될 필요가 있다. 그래야 결제통화 및 준비통화로써의 매력이 높아지기 때문이다. 그러나 이번 위안화 평가절하는 이런 그간의 노력을 상당 부분 허공으로 날려 버린 셈이다.

이제 이야기를 정리해보면, 중국조차 고정환율제도의 폐해 앞에 굴복했다고 볼 수 있다. 미국 달러화의 강세로 중국 위안화의 가치가 급격히 상승해, 중국 기업의 가격 경쟁력이 약화된 것. 그리고 단기성 자금의 이동 규모가 커지면서 중국에서 대규모 자금 유출이 발생한 것이 중국 정부의 결단을 부추겼으리라 생각한다.

변동환율제도 외에
대안이 없다

싱가포르와 중국의 사례를 살펴본 결과, 한 가지 결론을 얻을 수 있다.

먼저 경제의 발전 정도가 낮고, 특히 금융시장이 개방되어 있지 않은 경우에는 고정환율제도가 유리한 면이 있다. 하지만 무역 규모가 커지고 자본시장이 개방되는 등 경제가 선진화되면 변동환율제도의 이득이 훨씬 더 커진다는 것이다.[*]

물론 달러/원 환율의 급등락으로 인한 피해는 부인할 수 없는 사실이다. 그러나 환율 급변동에 따른 피해는 환율이 고정되어 있었을 때 발생할 수 있는 고통에 비하면 상대적으로 덜 심각한 문제라 할 수 있다. 특히 환율의 급변동 문제는 정부가 외환보유고를 충분히 쌓고, 달러/원 환율이 적정 수준을 유지하도록 유도함으로써 어느 정도 완화할 수 있다.

알고 가자! 홍콩의 예

물론 홍콩과 같은 선진국이 통화위원회제도(Currency Board System)라는 일종의 고정환율제도를 채택하는 등 예외가 없지는 않다. 그렇지만 홍콩은 영국에서 중국으로의 주권 이양에 대한 불안감이 높았던 데다 국제 금융센터로서의 입지가 강하다는 이유로 달러에 대한 고정환율제도를 채택해 운용하고 있다.

2장에서는 이상의 지식을 기반으로 유럽 재정위기에 대해 살펴보도록 하자.

외환시장은 거래 당사자에 따라 은행간 시장과 대고객 시장으로 구분된다. 은행간 시장은 일종의 도매시장으로, 개별 고객의 주문을 받은 은행이 적당한 규모로 모아 은행간 시장에서 거래한다. 은행간 시장에서의 거래는 외환 브로커를 경유하는 경우와 은행끼리 직접 거래하는 경우로 나뉜다. 우리나라는 선진국 외환시장과 달리 외환 브로커를 통해 거래하는 경우가 지배적이다.

대고객 시장은 은행과 개인 및 기업 등 고객 간에 외환 거래가 이루어지는 시장이기 때문에 일종의 소매시장이라 할 수 있다. 이런 대고객 거래의 결과 은행은 외환 포지션에 변동이 발생하는데, 이를 은행간 시장에서 조정함으로써 대고객 시장과 은행간 시장이 밀접한 연관을 맺는 것이다.

삼성전자가 수출로 1억 달러를 벌어들였다고 가정해보자. 삼성전자는 노동자와 거래 기업에게 원화로 이 자금을 지급해야 하기 때문에 은행의 대고객 시장에서 달러/원 환율 1,200원에 원화로 환전하여 1,200억 원을 받게 될 것이다. 이 은행은

<표> 한국의 외환시장 구조

외환당국(기획재정부, 한국은행)

은행간 시장　대고객 시장

장내 주문,
체결

은행 A

외국환
중개회사

은행 B

장외 은행간
직접 거래

은행 C

수출,
수입업체,
공기업,
정부,
역외,
개인 등

(서울외환시장운영협의회)

자료: 한국은행(2009), "최근 외환시장 동향과 주요 이슈"

외화 자산이 1억 달러 늘어나게 되므로, 외환 포지션이 증가하여 달러 매입 초과 상태가 된다.

만약 원화의 가치가 하락(달러/원 환율 상승)하면 이익을 보지만, 반대로 원화 가치가 상승(달러/원 환율 하락)하면 환율 변동에 따라 손실을 입게 되므로 은행은 보유하고 있는 외화 자산의 수준을 적절한 범위 내에서 통제할 필요를 느낀다. 따라서 은행은 보유하고 있는 외화 자산을 은행간 시장에서 매각함으로써 외환 포지션의 변화를 최소화하려 들 것이다. 이런 과정을 통해 대고객 시장과 은행간 시장이 밀접하게 연계된다.

매입환율과
매도환율

주식 매매를 해본 사람은 누구나 알겠지만, 주가는 일정하게 고정되어 있지 않다. 몇 백 원 혹은 몇 천 원 심지어는 몇 만 원의 차이를 두고 매수호가와 매도호가가 맞선다. 당장 급하게 주식을 사고 싶은 사람은 매수호가보다 더 비싼 매도호가에 주문을 체결하게 된다. 물론 반대로 주가 전망을 어둡게 보고 빨리 팔고 싶은 경우에는 더 싼 매수호가에 주문을 체결할 수밖에 없을 것이다.

주식시장과 마찬가지로 외환시장에도 매입환율(bid-rate 또는 buying rate)과 매도환율(offered rate 또는 asked rate)이 존재한다. (한국은행(2007), "우리나라의 외환제도와 외환시장" 중 '제 2편 환율' 부분을 참조했다.) 어떤 은행이 달러/원 환율을 1,200.00~1,200.50으로 제시했다면, 이는 1달러당 1,200.00원에 매입할 의사가 있으며 1달러당 1,200.50원에는 매도할 의사가 있음을 의미한다. 이 경우 그 중간값인 1,200.25를 중간환율이라 부르기도 한다.

매도환율과 매입환율의 차이(50원)를 매매율 차(bid-offer spread)라고 부르는데, 이 매매율 차는 거래 통화의 유동성 상황이나 환율 전망 등에 따라 변한다. 달러/원 환율처럼 우리나라에서 거래가 많이 되는 통화는 상대적으로 매매율 차가 적어 어떤 경우에는 10전(0.1원) 전후까지 떨어지는 것을 볼 수 있지만, 반대로 거래가 잘 안 되는 통화는 매매율 차가 더 커진다.

은행간 환율과 대고객 환율,
어떻게 다른가?

은행을 방문하면 전광판에 여러 종류의 환율이 고시되어 있는 것을 볼 수 있다. 왜 은행은 한 가지 환율이 아닌 여러 환율을 고시해 고객을 헷갈리게 만드는 것일까?

그 이유는 바로 은행간 환율과 대고객 환율이 서로 다르기 때문이다. 도매시장이라 할 수 있는 은행간 환율은 거래가 대규모로 이뤄지기 때문에 단위당 거래비용도 작고, 매매율 차도 작을 수밖에 없다. 반대로 대고객 환율은 소매시장으로, 각 은행이 은행간 환율을 기준으로 자율적으로 결정하게 된다. 또한 그날그날의 은행간 환율이 크게 변화할 경우에는, 실시간 환율 변동을 반영하여 당일에도 몇 차례씩 대고객 환율을 수정해서 고시하게 된다.

은행이 고시하는 대고객 환율에는 외환의 결제 방법에 따라 전신환매매율, 현찰매도율, 현찰매입률, 여행자수표(T/C)매매율 등이 있다. 〈표〉를 보면, 전일 은행간 시장에서의 원/달러 평균환율이 1,200.5원으로 결정됨에 따라 상하 일정의 마진(margin)을 두고 매입환율과 매도환율을 고시하고 있음을 알 수 있다. 이중 현찰매도율과 현찰매입률의 차이가 가장 큰데, 이는 여행자수표(T/C)나 전신환에 비해 현찰의 보관 및 관리에 비용이 더 많이 들기 때문이다. 이와 같은 대고객 환율은 거래 규모 및 경쟁 수준에 따라 조금씩 달라지는 게 보통이며, 자신에게 가장 유리한 조건을 제시하는 은행에서 거래하는 것도 비용을 낮추는 한 가지 방법이라 하겠다.

〈표〉 대고객 환율표(예제)

현찰매입률	T/C매입률	전신환매입률	전신환매도율	T/C매도율	현찰매도율
1172.23	1180.54	1181.50	1204.70	1207.41	1213.97

자료: 한국은행(2007), "우리나라의 외환제도와 외환시장"

"1957년은 현대 독일 화폐 역사의 분수령이 되는 해다. 이해에 독일 마르크의 가치를 감독할 권한을 되찾았을 뿐만 아니라 새로운 기관, 즉 독일연방은행(분데스방크)이 설립되었다. 독일연방은행의 설립 목적은 명확했다. 바로 물가 안정이다. 다시 말해 이 기관에 주어진 사명은 '안정된 화폐'였다. 그리고 거기에는 세계 어디에서도 유래를 찾아볼 수 없는 단호함이 서려 있었다."

−다니엘 엑케르트, 〈화폐 트라우마〉−

2장

유럽 재정위기 이후
유로화의 미래는?

유로화가 문제다

　지난 2010년 2월 그리스 정부가 재정 수지의 악화를 선언하면서 시작된, 유럽 재정위기는 5년이 지나도록 해결의 실마리

[표 1] 1980년 이후 그리스 중앙정부 부채(GDP 대비 비율, %)

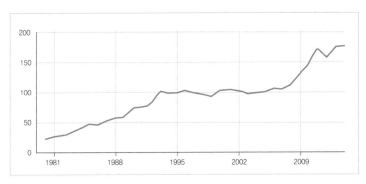

출처: 트레이딩 이코노믹스

를 찾지 못한 채 각국의 정치적, 사회적 위기를 심화시키고 있다. 그리스 정부는 어떻게 해서 그토록 엄청난 재정 적자를 기록하게 되었으며, 또 해결책은 없는 것일까?

유럽통화 동맹이란?

유럽 재정위기를 이해하기 위해서는 무엇보다 1999년 출범한 유럽통화동맹(The European Economic and Monetary Union, 유로화 시스템)에 대해 알아야 한다. 유럽통화동맹의 첫 번째 목표는 단일 공동시장을 출범시켜 참여 국가의 경제를 부양하는 것이며, 또 다른 목표는 환율의 변동을 억제하여 안정적인 경제 운용을 도모하는 것이었다. 다시 말해 공동시장을 출범시켜 '파이'를 키우고 금융시장의 변동성을 줄이기 위해 출범했다.

물론 유럽통화동맹, 즉 유로화 시스템의 출범 목적이 처음부터 숭고했던 것은 아니다. 1차 세계대전과 2차 세계대전을 치르며 어마어마한 희생을 치른 유럽의 각국 정부는 아예 전쟁을 일으킬 수 없는 상황을 만들고 싶었던 것이다. 쉽게 생각해보

자. 모든 나라가 단일한 통화를 사용하고, 절대 분리되기 어려운 여건을 만들어 버린다면 전쟁이 벌어질 수 있을까?

이런 목적 아래 1998년 5월 1~3일 벨기에 브뤼셀에서 개최된 유럽연합(EU) 정상회담에서 1999년 유럽통화동맹을 출범시키는 데 합의하고 참가국(1차 참가국은 11개국) 통화의 유로화 전환환율을 결정했다. 1998년 7월 유럽통화동맹의 핵심 기관인 유럽중앙은행(ECB)은 독일 프랑크푸르트에서 업무를 개시하면서 주화 및 지폐 제작에 착수했다. 유럽 중앙은행의 출범이 필요했던 것은 동일한 통화를 이용함에 따라, EMU 가입국은 독립적인 중앙은행이 필요 없어졌기 때문이다. 즉 유로화라는 동일한 통화를 사용하는 순간, EMU에 가입한 국가는 중앙은행의 업무가 사실상 정지되며, 유럽 중앙은행의 정책금리 결정을 수용하는 수밖에 없다.

이는 앞에서 예로 든 싱가포르의 상황과 정확하게 일치한다. 유로화를 쓰는 나라의 정책금리가 다른 경우를 생각해보자. 독일의 정책금리가 2%, 스페인의 정책금리가 1%라면 어떤 일이 벌어질까? 두 나라 사이에 환율이 고정(=유로라는 단일 통화 사용)되어 있으니, 환율 변동에 따른 위험은 '0'이라고 해도 무방할 것이다. 이 경우 헷지펀드 등의 투자자는 스페인에서 돈을 빌려 독일 채권에 투자하는 전략을 사용할 것이다.

1%의 이자로 자금을 조달해 2% 이자를 주는 채권에 투자하니, 이 투자자는 1%를 차익으로 가지게 된다. 게다가 돈을 빌려 투자했으니 원금은 한 푼도 들지 않는다. 봉이 김선달처럼 무자본으로 수익을 올릴 수 있으니, 이런 거래는 무한정 확대될 것이다. 결국 이런 투자자의 행동으로 인해 독일은 정책금리를 인하하고, 반대로 스페인은 정책금리를 인상하지 않을 수 없다. 왜냐하면 스페인은 어마어마한 자금 수요가 발생하면서 이자율 상승 압력이 생길 것이고, 반대로 독일은 채권 매수세가 몰려들어 이자율의 하락을 촉발시킬 것이기 때문이다.

이런 까닭에 유럽 중앙은행이 설치될 수밖에 없다. 유럽 중앙은행은 최강의 경제력을 가지고 있는 독일의 도시 프랑크푸르트에 거점을 마련했다. 이제 통화정책에 있어서 독일은 압도적인 영향력을 행사하게 된다. 이는 유럽통화동맹에 가입한 약소국이 원하는 바이기도 했다. 왜냐하면 독일의 높은 신용도와 낮은 물가 상승률로 인해, 독일의 정책금리는 유럽에서 가장 낮은 수준을 유지하고 있었기 때문이다. 다시 말해 유럽통화동맹에 가입한 국가는 모두 독일과 같은 금리로 채권을 발행할 수 있기 때문에 예전보다 훨씬 적은 이자를 지급해도 되는 '이

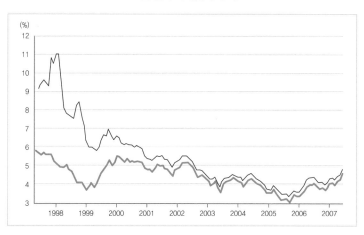

[표 2] 유로존 출범을 전후한 독일(파란선)과 그리스(검은선)
10년 만기 국채금리 추이

출처: 미국 세인트루이스 연준

권'을 누리게 된 셈이다.

그렇다면 그리스 같은 약소국에만 유럽통화동맹 체제가 도움이 되는가? 그건 또 아니다. 대신 독일이나 프랑스 등은 엄청난 시장을 획득할 수 있게 된다. 2014년 말 현재 유로화를 사용하고 있는 나라의 총 경제 규모는 13.4조 달러로, 미국(17.4조 달러)에 비해 3조 달러 작을 뿐이다. 즉 미국에 이은 세계 2위의 경제권이며, 이 거대 경제권 안에서 자유무역 및 자유로운 자금의 이동이 이뤄지기 때문에 독일은 일종의 '시장 확대'라는 이점을 누리게 된 것이다.

저금리 정책,
남유럽 부동산 호황을 유발하다

　　　　　　지금까지는 2010년 그리스 재정위기 이전까지의 상황을 다뤘지만, 이후에 벌어질 일들은 얼마나 고정환율제도가 큰 문제를 파생시키는지 보여주는 좋은 사례라 할 수 있다.

유럽통화동맹이 가지고 있는 가장 큰 문제는 바로 독일 이외의 주변국이 지나친 경제성장을 기록할 가능성이 높다는 것이다. 경제성장률이 높으면 무엇이든 좋다고 생각할 수 있지만 사실은 그렇지 않다. 경제의 가용한 자원(인력, 자본 등)을 모두 활용해 달성 가능한 성장률을 잠재성장률(Potential Growth Rate)이라고 하는데, 경제의 실제성장률(Actual Growth Rate)이 잠재성장률 수준을 계속 초과하게 되면 필연적으로 경제에 문제가 생긴다.

잠재성장률 이상의 과속 성장이 지속될 때 나타나는 대표적인 문제가 인플레이션이다. 예를 들어 연간 생산 능력이 100만 대인 공장이 갑자기 100만 대 이상의 자동차를 생산해야 하는 상황에 놓였다고 가정해보자. 이 공장은 일시적으로는 110만 대 혹은 120만 대의 자동차를 생산해낼 수도 있다. 인력을 3교대 혹은 2교대로 풀가동하고, 신규 인력을 채용하는 등의 조치를 통해 가동률을 더 끌어올릴 여지가 있기 때문이다. 그러나 이런 일이 1년 혹은 2년 이상 지속된다면 생산 단가가 급격히 상승할 수밖에 없다.

무엇보다 기계의 오작동이 생기고 불량률이 늘어날 수밖에 없는 데다, 새로 투입된 근로자의 생산성이 기존 근로자의 생산성을 따르지 못하기 때문이다. 결국 이 공장의 입장에서는 근로자의 숙련 향상을 위해 교육 투자를 실시하는 것은 물론 더 많은 임금을 지급해야 하며, 나아가서 공장 설비를 확대하기 위해 신규 투자에 나서지 않으면 안 될 것이다. 문제는 이에 많은 시간이 걸릴 것이며, 이 과정에서 자동차 생산 단가는 계속 상승한다. 물론 수요가 충분해서 공장의 생산량이 증가했으니, 이 회사는 당연히 제품 가격을 인상할 것이다.

2000년대 중반 그리스 등 남유럽 국가에서 벌어진 일들이 이와 비슷했다. [표 3]에 잘 나타난 것처럼 잠재성장률 수준보다 실재성장률이 월등히 높은 수준을 유지하는 등 경기 과열이 발생했고, 이런 경기 과열은 곧바로 물가 상승으로 이어졌다. 그런데 유럽 중앙은행은 독일에 있었고, 당시 독일 경기는 별로 좋지 않아 정책금리가 지속적으로 낮은 수준을 유지하고 있었다.

[표 3] 그리스의 실재성장률과 잠재성장률의 차이(GDP Gap)

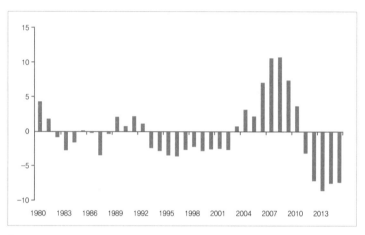

출처: 국제통화기금

결국 2000년대 중반에는 남유럽 국가 대부분의 실질금리가 마이너스를 기록했다. 1장에서 실질금리에 대해 잠깐 이야기했지만 조금 더 설명해보자. 실질금리란 명목금리에서 물가 상승률을 뺀 것으로, 매년 물가가 3% 상승하는 나라의 대출금리가 2%라면 이때의 실질금리는 마이너스 1%가 된다. 만약 각종 자산 가격이 물가 상승률만큼만 오른다고 가정하면, 이 대출을 받는 순간 앉은 자리에서 1%의 수익이 생기는 것이나 다름 없다. 자기 돈 한푼 없이 말이다.

마이너스 실질금리의 효과는 이것뿐만이 아니다. 실질금리가 마이너스를 기록하면 저축률이 급격히 떨어질 것이다. 왜냐하면 금리 수준이 사실상 '마이너스'인데, 저축할 마음이 생기겠는가. 게다가 시장금리가 떨어져 할부 이자율도 하락했으니, 그동안 못 샀던 물건을 장만하느라 정신이 없을 것이다. 특히 금리가 마이너스일 때는 가장 중요한 소비재인 주택을 구매하려는 동기가 높아진다.

[표 4]를 보면 그리스와 아일랜드, 이탈리아 할 것 없이 죄다 2000년대 중반까지 주택 가격이 급등한 것을 알 수 있다. 1990년대 후반부터 10년 넘게 주택 가격이 오르기만 하니, 경제 전반에 가수요가 생기는 것은 당연한 일이다. 그리고 이러한 주택 가격은 다시 경제 전반에 강력한 상승 효과를 유발한다. 무엇보다 주택 가격 상승으로 소비자의 씀씀이가 커질 것이고, 나아가 건설 관련 업종은 사람이 없어 쩔쩔매는 상황이 출현한다.

[표 4] 유럽 주요국 주택 가격 추이

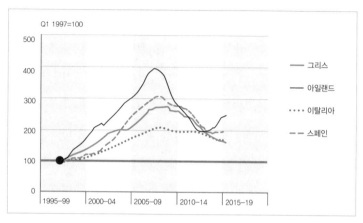

출처: 이코노미스트

경기 호황, 남유럽 경상수지
적자 확대로 연결

　　　　　　　　이것이 1999년 유로화 출범 이후 유럽 대다수 국가의 생활이었다. 그러나 끝이 없는 잔치가 없듯, 끝이 없는 호황도 없다. 먼저 저축률이 하락한 반면 투자율이 상승하면, 경상수지가 악화될 수밖에 없다. 이 부분을 자세히 살펴보기 위해 국내총생산이 어떻게 구성되어 있는지 알아보자.

① 국내총생산(GDP) = 소비 + 투자 + 수출 − 수입

식①의 '수출 − 수입'은 경상수지로 볼 수 있으니, 식①은 아래와 같이 고쳐 쓸 수 있다.

② GDP = 소비 + 투자 + 경상수지

식②의 우변에서 '소비'를 좌변으로 이동하면, 아래와 같이 볼 수 있다.

③ GDP − 소비 = 투자 + 경상수지

그런데 GDP에서 소비를 뺀 것이 곧 '저축'이므로 식③은 아래와 같이 고쳐 쓸 수 있다.

④ 저축 = 투자 + 경상수지

식④의 우변에서 투자를 좌변으로 이동시키면, 다음과 같은 관계를 볼 수 있다.

⑤ 저축 - 투자 = 경상수지

식⑤가 의미하는 바는 분명하다. 과속 성장이 계속되면서 저축이 줄어들고 투자가 크게 증가하면 경제에 만성적인 경상수지 적자가 발생한다는 것이다.

경기 과열을 겪은 나라가 경상수지 적자를 기록하는 이유는 이것뿐만이 아니다. 물가 수준이 다른 나라보다 더 높아지면 그 나라 제품의 경쟁력이 약화될 수밖에 없다. 특히 유로화라는 단일 통화를 사용하는 만큼 개별적으로 환율을 조정하는 것도 불가능해, 경쟁력 약화 흐름을 개선시킬 방법이 없다. 게다가 경기가 한번 과열되면 이를 진정시키는 일이 보통 어려운 게 아니다. 앞에서 살펴본 것처럼 경기 과열로 물가가 상승하고, 실질금리가 마이너스 수준까지 떨어지면 부동산 시장의 호황은 더욱 강화될 것이기 때문이다. 따라서 한번 과속 성장이 발생해 인플레이션이 촉발되면, 이런 흐름은 점점 더 가속화하는 경향이 있다.

[표 5]는 이런 현상을 잘 보여준다. 2000년대 중반 이후 그리스 경제의 호황이 가속화된 이후, 경상수지의 적자 규모가

GDP의 14.5%까지 확대되었기 때문이다. 경상수지의 적자 규모가 이렇게 확대되면, 부족한 외화를 메우기 위해 외국의 금융기관으로부터 돈을 더 많이 빌려와야 한다. 물론 2010년 이전에는 이게 아무런 문제가 없었다. 일단 유럽통화동맹의 일원이었던 데다, 그리스 경제도 건전해 보였기 때문이었다.

[표 5] 그리스의 GDP Gap(실재 GDP 성장률과 잠재 GDP 성장률의 차이)과 경상수지(GDP 대비, %)

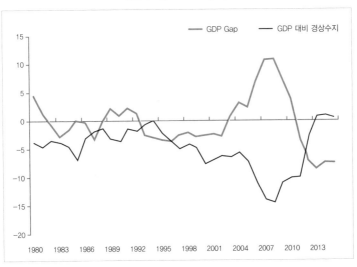

출처: 국제통화기금

그러나 2010년 재정 적자 규모가 기존 발표보다 훨씬 크다는 충격적인 고백을 그리스의 신정부가 하면서부터 외국인 투자자의 신뢰를 잃었다. 당시 그리스의 재정 수지가 갑자기 악화된 것은 2008년 글로벌 불황으로 인해 그리스 최대 산업인 관광과 해운산업 경기가 나빠지며 세금이 걷히지 않고, 2000년대 중반의 경기 과열 국면에 빌렸던 고금리 부채에 대한 이자 상환이 도래했기 때문이다. 여기에 그리스 정부가 이면계약을 통해 공기업을 매각하는 것으로 위장해 재정 적자를 줄여왔던 정황이 포착된 것도 금융시장에 큰 충격을 가져온 원인이었다.[3]

결국 일종의 고정환율제도인 유로화 시스템의 출범 그 자체가 재정위기의 가장 큰 원인이며, 다음으로는 각국의 재정 정책에 대한 통제의 끈이 느슨했던 것 등이 원인으로 거론될 수 있다. 이제 다음 순서로 유럽 재정위기의 극복 방안에 대해 이야기해보자.

유럽 재정위기의
해결 방안은?

    지금은 유럽통화동맹의 장점과 단점 중에서 단점이 월등하게 부각되는 시기라 할 수 있다. 그리스, 포르투갈, 아일랜드, 이탈리아, 스페인 등 남유럽 대부분의 국가는 막대한 외채를 상환하기 위해 허리띠를 졸라매고 있으며, 이 과정에서 경기는 더욱 악화되고 있기 때문이다.

유럽 앞에 부각된
세 가지 대안

               그렇다면 어떻게 해야 유럽이 위기

를 벗어날 수 있을까? 가장 좋은 방법은 유로화 출범 이전으로 타임슬립 하는 것이다. 하지만 이게 불가능하니 현재 상태에서의 가능한 대안은 다음의 3가지를 들 수 있다.

첫 번째는 유로화를 버리고 다시 예전 통화 체제로 돌아가는 것이다. 그리스를 예로 들어본다면, 유로화를 폐기하고 예전 통화(드라크마)를 다시 사용하여 대규모 평가절하를 단행하면 기업의 경쟁력이 일거에 개선될 수 있을 것이다. 그리고 관광객도 예전보다 더 많이 올 것이기에, 경상수지도 흑자로 돌아설 가능성이 높다.

그러나 이 방법은 한 가지 중대한 문제가 존재하는데, 그리스 시중은행이 '뱅크런'을 경험할 가능성이 높다는 것이다. 여기서 뱅크런이란 예금자가 일거에 은행에 몰려가 예금을 인출하거나 다른 은행계좌로 이체시키는 일을 말한다. 은행 등 대부분의 금융기관은 지급준비율로 규정된 일부 자금을 제외하고는 이를 대출 등으로 운용하고 있기 때문에, 일거에 예금 인출이 집중되면 큰 위기에 처한다.

어떤 일이 벌어질 때 사람들이 일제히 예금 인출에 나설까? 은행이 금방이라도 망할 것 같을 때나, 지금 보유하고 있는 화폐의 가치가 급격히 떨어질 것이라 예상될 때 뱅크런의 가능성이 높을 것이다. 그리스가 유로화를 폐기하고 드라크마화로 복귀한 다면? 드라크마화의 가치는 유로화에 대해 얼마나 하락할까?

[표 6]은 2002년 아르헨티나가 달러화에 대한 고정환율제 도를 폐기할 때 발생한 일을 보여주는데, 아르헨티나 페소화 의 가치가 1년 만에 1/4 이하 수준으로 떨어진 것을 알 수 있 다. 그리스가 아르헨티나의 경험을 되풀이할 수 있다는 공포 가 확산되는 순간 은행은 일제히 뱅크런에 직면할 것이며, 경 제 활동이 일거에 멈추고 말 것이다. 지난 2015년 여름, 그리스

[표 6] 아르헨티나의 통화위원회 제도 이탈 전후 환율

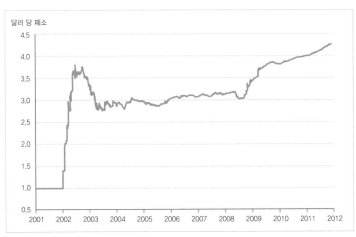

달러 당 페소

자료: Bloomberg

의 '유로존 이탈'을 결정하는 국민투표 이후 예금 인출 제한 조치가 시행되었을 때 벌어졌던 일은 아르헨티나 사태 때와 별반 다르지 않았다.[4]

재정 감축,
매우 민감한 정치적 문제

남유럽 재정위기를 해결하는 두 번째 방법은 물가와 임금, 그리고 지가를 충분히 떨어뜨려 경쟁력을 개선시키는 것이다. 물론 정책금리의 결정권이 ECB에 있는 만큼 금리인상이 불가능하니, 재정 지출 삭감 이외에는 '디플레이션'을 유도할 방법이 없다. 그러나 정부 지출의 상당 부분을 차지하는 사회복지 관련 지출은 이미 40~50년 이전에 맺어진 사회적 협약의 결과이기에, 일거에 사회복지 관련 지출을 삭감할 경우 심각한 정치적 갈등을 초래할 것이다.

나아가 강력한 재정 긴축을 시행하는 과정에서 경제의 잠재성장률이 훼손될 수 있다는 것도 문제를 발생시키는 요인이다. 특히 국제통화기금(IMF)의 추산에 따르면, GDP대비 1% 포인트의 세금 인상은 다음 해 경제성장률의 0.55% 포인트 하락으로 연결된다. 물론 재정 지출을 삭감하는 데 따르는 성장률의 하락은 0.16% 포인트에 그치지만, 앞에서 살펴본 바와 같이 사회복지 관련 지출을 일거에 줄이기 힘든 만큼 정치적으로 더욱 어려운 부분이라 할 수 있다.

따라서 재정 지출의 감소 혹은 세금 인상을 통해 재정을 건전화시키려는 노력은 정치적 갈등을 초래하는 한편, 성장률을 추락시켜 세수를 더욱 줄이는 결과를 가져올 가능성이 높다.

[표 7] GDP 대비 1% 인상, GDP 재정 지출 1% 삭감의 영향

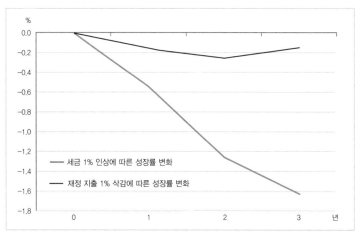

자료: IMF(2010.10), "Will It Hurt? Macroeconomic Effects of Fiscal Consolidation"

인플레이션을 통한
부채 감축?

경쟁력을 상실한 국가가 선택할 수 있는 마지막 선택은 바로 인플레이션을 유발해 과도한 부채를 털어내고, 통화(=유로화)의 평가절하를 유도하는 것이다. 일단 이 방법의 실현 여부에 대한 판단은 잠시 미뤄두고, 인플레이션이 발생하면 왜 재정 적자 문제가 해소되는지에 대해 알아보자.

[표 8] GDP 대비 정부 순부채 비율 vs. 소비자물가 상승률

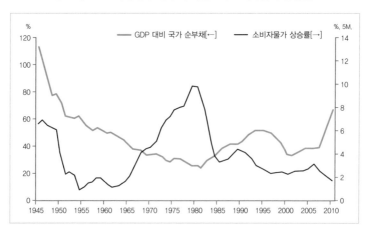

자료: 미국 연준, 노동부
주: 소비자물가 상승률의 추세를 파악하기 위해 5년 이동평균 데이터를 사용

1970년대 미국의 사례는 이런 상황을 설명하기에 안성맞춤이니, 미국 경제 상황을 살펴보자. 당시 미국은 베트남 전쟁의 수렁에 빠져 어마어마한 재정 적자가 발생했지만, 국내총생산 대비 정부의 빚은 오히려 줄곧 줄어들기만 했다. 왜 이런 일이 벌어질까?

이 부분의 이해를 돕기 위해 1년에 두 번씩 이자를 지급하고, 30년이 지난 후 원금을 상환하는 채권(=30년 만기 국채)을 생각해보자. 그런데 지난 30년간 경제개발협력기구(OECD) 선진국의 연평균 소비자물가 상승률이 5.4%라는 것을 감안하면, 30년이 흐른 후의 원금은 실질가치가 1/5 수준으로 떨어지게 된다. 따라서 이 채권의 가치는 사실상 이자 지급에서 결정되며 원금 상환은 큰 영향을 미치지 못한다. 이제 만기를 100년으로 늘려보자. 그러면 물가 상승률을 감안한 원금 상환액의 현재 가치는 1/100 수준에도 미치지 못하게 될 것이다.

이렇듯 장기채권 이야기를 하는 이유는, 원금의 가치를 따로 계산할 필요가 없기에 채권 가격을 아주 쉽게 계산할 수 있기 때문이다. 즉 매년 지급하는 이자를 현재의 시장금리로 나누면 채권 가격이 바로 산출된다. 예를 들어 매년 100달러의 이자를 지급하는 장기채권이 있고, 시장금리가 5%일 경우 이 채권의 가치는 2천 달러다.(100달러/0.05=2,000달러) 그런데 만일 시장금리가 10%로 상승하면, 이 채권의 가치는 어떻게 변할까? 위의 식을 그대로 대입하면, 채권의 가치는 1천 달러로 떨어지게 된다.(100달러/0.1=1,000달러)

따라서 채권의 가치는 시장금리와 반대의 관계임을 알 수 있다. 금리가 오르면 채권 가격은 떨어지고, 금리가 떨어지면 채권 가격이 오른다. 만기가 아주 긴 채권은 거의 이런 식으로 결정된다. 채권 수익률이 1% 상승하면, 즉 5.00%에서 5.05%가 되면 채권 가격은 1% 떨어진다. 그리고 채권금리는 인플레이션에 아주 민감하다. 물가가 상승할 것이라는 기대가 높아지면, 금리는 항상 상승하게 마련이다. 이는 정부의 부채 가치 하락으로 연결된다.

물론 1960년대 미국만 '인플레이션 유발 정책'을 선택한 것은 아니다. 하버드 대학의 로고프 교수는 1800년 이후 자본주의의 역사를 살펴본 결과, 파산 상태에 처한 국가의 대부분이 20% 이상의 강력한 인플레이션을 통해 국가부도의 위기를 모면했다고 지적한 바 있다.[5] 다시 말해 '국가부도냐, 아니면 인플레이션이냐'라는 선택에 직면하는 순간, 대부분의 국가는 서

습없이 인플레이션을 선택한다는 것이다.

[표 9] 파산 상태에 처한 국가 비중과 인플레이션 발생 위험

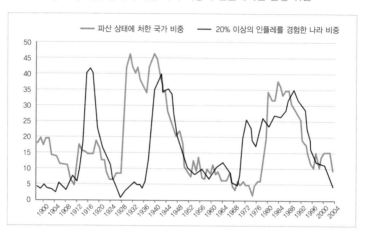

자료: Kenneth S. Rogoff and Carmen M. Reinhart(2009), "This Time Is Different: Eight Centuries of Financial Folly"

EU 유로화의 미래

이상의 세 가지 대안 중 세 번째 대안이 지금 가장 유력한 해결책으로 부각되는 듯하다. 최근 유럽 중앙은행의 마리오 드라기 총재는 '유럽 재정위기의 해결을 위해 무슨 일이든 다하겠다'는 말을 공공연하게 하며 대규모의 통화공급 확대 정책을 펼치고 있다. 그 결과 유럽 경제는 차츰 재정위기의 공포에서 벗어나고 있는 것처럼 보인다.

실제로 [표 10]에서 보듯, 그리스의 재정 적자 규모는 빠르게 줄어들고 있으며, 유럽의 경제지표도 조금씩 회복되는 모습을 보여주고 있다. 그러나 아직 완전히 안심할 때는 아니라고 생각한다. 왜냐하면 '고정환율제도' 자체의 구조적 문제가 여전한 데다, 독일의 태도가 언제든지 강경하게 변할 수 있기 때문이다.

[표 10] 그리스 GDP 대비 재정 적자 추이

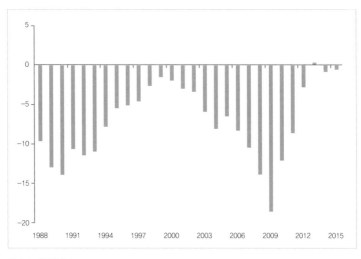

출처: 국제통화기금

고정환율제도의 한계에 대해서는 이미 여러 차례 이야기했으니, 여기서는 독일에 대해 조금 더 이야기해보자. 1920년대에 겪었던 하이퍼 인플레이션의 경험 때문에 독일은 인플레이션에 대해 매우 보수적인 입장을 취하는 편이다. 당장은 세계적인 저유가로 인플레이션 압력이 높지 않기 때문에, 마리오

드라기 총재가 주도하는 통화공급 확대 정책을 용인할 것으로 보인다.

그러나 언제든 인플레이션 압력이 높아지는 순간 통화공급 확대 정책의 시행에 브레이크를 걸 가능성은 배제하기 어렵다. 현재로서는 갈등 폭발의 시기가 언제가 될지 알 수 없다. 다만 유럽의 인플레이션율이 다시 2%대를 회복할 때는 독일이 가만히 있지 않을 것이라는 것만은 분명하다. 그리고 그때가 진정한 유로화의 '심판대'가 되리라 생각한다.

짧은 소견으로는 그 '심판대'에서 유로화가 다시 '부활'의 판결을 받으리라 생각하지만, 이 문제는 이미 경제적 문제를 넘어 정치적 문제가 되었기에 불확실성이 매우 높다. 따라서 '불확실성'을 싫어하는 투자자의 유로화 기피 현상은 적어도 2~3년은 지속될 가능성이 높을 것이다.

〈이것만은!〉 한국은행 통계정보시스템(ECOS) 이용법

한국은행 통계정보시스템, ECOS(http://ecos.bok.or.kr/)는 환율, 통계 등 각종 경제 데이터를 손쉽게 내려받을 수 있는 아주 편리한 사이트다. 물론 국가통계포털(www.kosis.kr)도 ECOS 못지 않게 편리하긴 하지만, ECOS가 초보자에게 좀 더 편리하게 만들어졌다고 판단되기에 먼저 소개한다.

한국은행 통계시스템의 홈페이지에 접속하면 아래의 화면이 나온다.

여러 중요 경제 통계가 있지만, 우리는 환율에 관심이 있으므로 메인 페이지 왼쪽 하단의 '환율/외환' 항목을 클릭하자. 주황색 동그라미가 표시되고 이 항목이 활성화되면, 오른편에 환율과 외환이라는 세부항목이 표시된 창이 새롭게 뜬다.

우리는 이 가운데서 환율 통계를 다운받기를 원하므로 세부

메뉴 중에서 '환율' 항목을 클릭하면, 아래의 화면을 만날 수 있다.(물론 이 과정에서 몇 가지 프로그램을 설치하라는 명령이 나오는데, 한국은행 홈페이지니 안심하고 설치해도 되지 않을까)

위의 화면에서 세 가지 단계를 거치면, 데이터를 누구나 쉽게 다운받을 수 있다.

첫 번째로 화면 제일 위에 있는 '검색주기'와 '검색기간' 항목이다. 일별(Daily) 데이터를 받을 것인지, 월별(Monthly) 혹은 연간(Yearly) 데이터를 받을 것인지를 먼저 선택하면 된다. 다음으로 검색기간 항목을 눌러서 통계 데이터를 받고 싶은 기간을 선택하는데, 기본 옵션은 최근 기준으로 90개의 데이터를 제공한다.

두 번째로 어떤 환율을 받을 것인지를 결정해야 한다. 달러/원 환율은 이미 파란색 박스로 활성화되어 있으니, 파란색 박스 앞의 회색 사각형을 클릭하면 다운받을 준비는 다된 것이나 다름없다.

마지막으로 창의 가장 오른쪽 위에 있는 '검색결과 자료받기' 항목을 누르면 다음과 같은 엑셀 파일이 열린다.

	A	B	C	D	E	F	G	H
	Microsoft Excel - Sheet1							
	파일(F) 편집(E) 보기(V) 삽입(I) 서식(O) 도구(T) 데이터(D) 창(W) 도움말(H)							
	A1	통계표						
1	통계표	주요국통화의 대원화 환율						
2	항목명1	원/미국달러(기준환율)						
3	단위	원						
4	가중치							
5	변환							
6	2009/06/06							
7	2009/06/07							
8	2009/06/08	1,245.4						
9	2009/06/09	1,251.5						
10	2009/06/10	1,258.4						
11	2009/06/11	1,252.8						
12	2009/06/12	1,251.3						
13	2009/06/13							
14	2009/06/14							
15	2009/06/15	1,251.4						
16	2009/06/16	1,260.9						
17	2009/06/17	1,266.1						
18	2009/06/18	1,260						
19	2009/06/19	1,263.2						
20	2009/06/20							
21	2009/06/21							
22	2009/06/22	1,266.4						
23	2009/06/23	1,270.4						
24	2009/06/24	1,287.7						
25	2009/06/25	1,281						
26	2009/06/26	1,283.6						

이 엑셀 파일을 이용해 그래프를 그릴 때의 순서는 그리고 싶은 부분을 shift key를 이용해 설정한 후, 제일 위의 메뉴에서 '차트ⓒ → 차트종류 → 꺾은선형'의 순서로 클릭하면 다음의 그래프를 그릴 수 있다.

그래프의 모양이 마음에 안 들 경우 그래프를 두 번 클릭하면 그래프의 무늬와 글꼴, 속성을 자유롭게 바꿀 수 있으니 자신이 원하는 형태로 그래프를 변경시키면 된다. 처음에는 힘들지만, 한번 시도해보면 생각보다 그리 어렵지 않다. 참고로 곁에 엑셀 관련 참고도서가 있다면 훨씬 일은 쉬워질 것이다.

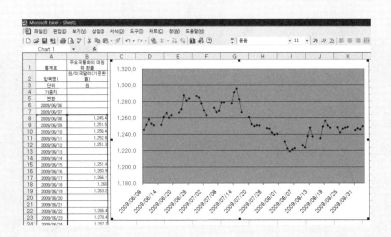

"지난 35년 동안 발생한 금융위기의 횟수와 혹독함은 엄청난 것이었다. 국제적 차원의
효과적인 궁극적 대여자(중앙은행)가 있었다면, 금융시장의 혼란은 아마도 경감될 수 있
었을 것이다."

—찰스 킨들버거, 〈광기, 패닉, 붕괴 금융위기의 역사(2006)〉—

3장

환율의 방향,
어떻게 예측할 것인가?

2장의 유럽 재정위기를 보면서 우리는 얼마나 '고정환율제도'가 무서운 결과를 초래하는지 알 수 있었다. 그러나 변동환율제도가 파국적인 악영향을 미치지 않는 대신, 기업이나 가계 등 여러 경제활동의 주체들에게 반강제적으로 환율 공부를 시키는 다소 불편한 제도라는 점은 잊지 말아야 한다.

이런 점을 감안하여 3장에서는 변동환율제도의 환경에서 살아가야 하는 한국인에게 필요한 핵심적인 환율 정보, 바로 환율의 방향을 예측하는 방법에 대해 이야기한다.

환율이 결정되는 원리

  환율의 방향성을 예측할 때 제일 먼저 드는 생각은 '환율이 어떤 수준일 때가 가장 적정할까'라는 의문일 것이다. 이런 고민을 해결하는 데 도움되는 것이 바로 '1물1가(一物一價)'의 법칙이다.

  '1물1가'의 법칙이란 같은 물건이 어떤 곳에서 동일한 가격에 팔리는 현상을 말한다. 만일 사과 하나를 천 원에 사서 길 건너편에 2천 원에 팔 수 있다면, 모든 사람이 그렇게 할 것이다. 그러나 이런 가격 차이는 오래 지속되지 못한다. 왜냐하면 사람들이 이런 기회를 이용하여 이익을 얻게 되면서 길 양쪽에서 같은 품질의 사과가 같은 가격에 팔리게 될 때까지 가격이 조정될 것이기 때문이다.

길 양쪽뿐만 아니라, 세계 어느 곳이든 '1물1가'의 법칙은 유지된다. 물론 각기 다른 나라에서 거래되는 상품은 운송비가 들기 때문에, 이 부분으로 인한 차이는 발생할 수 있다. 그러나 운송비 이상 수준으로 가격 차이가 발생한다면, 활발한 무역 시장에서 오래 지속될 수 없다.

다시 말해 미국에서 최신형 아이폰이 500달러고 환율이 1달러에 1,100원이라면, 한국에서도 55만 원이 마땅하다. 만일 그렇지 않고 한국이 70만 원으로 훨씬 비싸다면 '직구'를 통해 대규모의 수입이 이뤄지는 반면, 국내에서는 아이폰이 팔리지 않을 것이다. 결국 둘 중 하나다. 국내에서 제품 가격이 조정되거나 환율이 조정되어야 한다.

'1물1가'의 법칙을 이용해 각국 통화의 가치 수준을 측정하는 방법이 바로 '빅맥 지수(Big Mac Index)'다. '빅맥 지수'에서 빅맥이란 세계적인 패스트푸드업체 맥도날드에서 파는 가장 대표적인 햄버거의 이름이다. 이 햄버거는 한국의 서울에서도 베스트셀러며 뉴욕에서도 마찬가지다. 따라서 빅맥 햄버거의 가격을 비교해보면, 세계 각국의 물가 수준을 금세 비교해볼 수 있다.

[표 1] 2015년 7월 기준 빅맥 지수 추이
(마이너스는 저평가, 플러스는 고평가를 의미함)

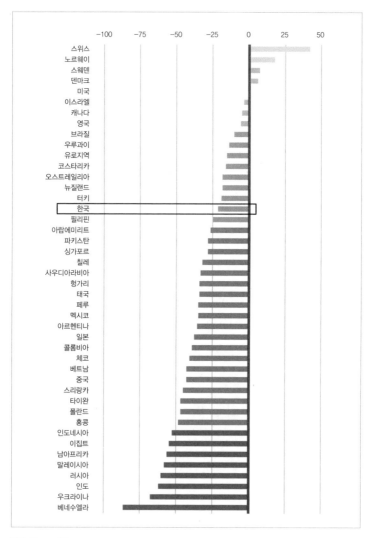

자료: Economist

예를 들어 1달러에 원화가 1,100원에 교환되며, 미국에서 빅맥이 3달러에 팔리는 반면 한국에서 4천 원에 팔리고 있다고 생각해보자. 환율이 1,100원이니 한국에서 빅맥이 3,300원에 팔려야 정상인데 4천 원에 팔리고 있으니, 한국 사람은 미국 사람에 비해 상대적으로 비싼 값에 빅맥을 먹고 있는 셈이다. 이는 '1물1가'의 법칙에 어긋난다. 만일 제품 가격의 조정이 없다면, 환율이 1,100원이 아니라 1,333원으로 조정되어야 할 것이다.(=원화 약세) 한 발 더 나아가 빅맥 햄버거만 비싼 게 아니라 대부분의 제품 가격이 미국보다 비싸다면, 제품이 싼 미국에서 물건을 구입해 한국으로 수출하는 일종의 '차익 거래'가 활성화될 것이다.

여기서 차익 거래란, 한 시장에서 어떤 자산을 매입하고 다른 시장에서 같은 자산을 매도함으로써 이익을 얻는 과정을 의미한다. 앞에서 이야기했던 '직구'가 일종의 차익 거래라 할 수 있다. 이 과정에서 미국에서 더 많은 물건이 수입되고, 달러가 미국으로 유출되기 때문에 무역수지가 악화될 수밖에 없다. 무역수지가 적자로 돌아서거나 흑자 규모가 줄어들면, 해외로부터의 외화 공급이 감소하니 외환시장에 달러화 부족 사태가 출현할 것이다. 달러 공급이 수요에 비해 부족하게 되면, 달러화의 가치는 상승하며 원화의 가치는 하락하게 된다. 즉 1달러에 대한 원화의 교환 비율은 동일한 제품의 (환율 적용) 가격이 미국과 한국에서 같아질 때까지 상승할 것이다.

이제 반대의 경우를 생각해보자. 한국에서 팔리는 맥도날드 빅맥의 가격이 미국보다 싸다면? 달러/원 환율이 1,100원인데, 미국에서 3달러에 팔리고 있는 빅맥 햄버거가 한국에서 2천 원에 팔리고 있다고 가정해보자. 나아가 한국에서 팔리는 제품 대부분이 미국보다 싸다면? 앞의 사례와 정반대의 일이 벌어진다. '1물1가'의 법칙에 따라 한국에서 물건 가격이 미국의 물건 가격과 같아질 때까지 무역이 발생할 것이다. 이 과정에서 한국의 수출은 크게 증가할 것이며, 경상수지는 대규모의 흑자를 기록하게 될 것이다.

이게 바로 빅맥 지수를 작성하는 이유다. 미국에서 팔리는 빅맥 햄버거의 가격을 기준으로, 각국에서 팔리는 빅맥 햄버거의 가격을 비교함으로써 어떤 나라의 통화 가치가 적정 수준에서 비싼지 혹은 싼지를 측정하는 것이다. 참고로 2015년 7월, 세계적인 경제지 〈이코노미스트〉가 측정한 바에 따르면 한국의 빅맥 햄버거 가격은 미국에서 팔리는 것보다 20% 정도 싸게 팔리고 있는 것으로 나타났다. 다시 말해 한국 원화 가치는 빅맥 햄버거로 측정된 '적정' 수준에 비해 저평가되어 있는 셈이다.

실질실효환율
이란?

빅맥 지수는 매우 간단하고 아이디어도 재미있지만, 이걸 가지고 환율을 평가하는 것은 문제가 있다. 왜냐하면 경제 내에는 빅맥 이외에도 수많은 제품과 서비스가 존재하기 때문에, 빅맥 지수 하나만 가지고 어떤 나라의 통화 가치가 적정 수준에서 벗어났는지 단언하는 것은 매우 위험하기 때문이다. 이런 문제를 해결하기 위해 개발된 지표가 바로 실질실효환율(Real Effective Exchange Rate)이다. 이름이 어렵게 들리지만, 지표에 담긴 내용은 별반 새로운 게 아니다.

실질실효환율이란 빅맥 지수처럼 단일 제품만 이용하는 게 아니라, 주요 교역 상대국의 환율과 전체 소비자물가 수준을 반영해 환율을 측정하는 것이다. 예를 들어 한국의 실질실효환율이 100을 기록하고 있다가 110으로 상승하면, 그만큼 한국 원화의 가치가 다른 국가에 비해 높아진 것으로 볼 수 있다. 즉 다

른 나라에 비해 한국의 물가가 더 많이 올랐거나, 아니면 달러/
원 환율이 하락했음을 의미할 것이다. 반대로 실질실효환율이
110에서 100으로 하락하면 이는 한국의 물가가 다른 나라에 비
해 안정되었거나, 아니면 달러/원 환율이 상승했음을 의미한다.

실질실효환율은 국제결제은행(BIS) 등 여러 기관이 작성하고
있는데, 그중에서 BIS가 가장 권위 있으니 이 지표를 사용해서
한국 원화의 가치가 어떤 수준에 있는지 살펴보자.

[표 2]를 보면 2010년의 환율 수준을 100으로 가정했을 때,
2015년 말 현재 한국 원화의 실질실효환율은 111포인트를 기

[표 2] 한국의 실질실효환율(파란선, 좌축)과 달러/원 환율(검은선, 우축) 추이

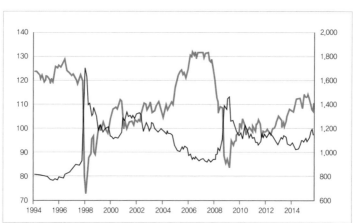

자료: 미국 세인트루이스 연준

록하고 있다. 즉 2010년 수준에 비해 한국 원화의 구매력은 11% 상승했다고 볼 수 있다. 다시 말해 해외에서 수입되는 제품을 구입함에 있어서, 한국의 소비자는 2010년보다 11% 더 싸게 살 수 있다고 해석할 수 있다. 그러나 2007년 수준에 비하면 한국의 실질실효환율은 20%나 낮은 수준이다. 따라서 원화는 여전히 저평가 국면에 놓여 있다.

불분명해진 경상수지와
환율의 관계

　이상의 이야기를 요약하면, 원화의 가치가 적정 가치에 비해 저평가되었을 경우에는 경상수지의 흑자가 발생하며, 반대로 원화의 가치가 고평가되었을 경우에는 경상수지 적자가 발생할 가능성이 높다는 것이었다. 그런데 이 관계는 2000년 전후까지는 잘 들어맞았지만, 이후에는 그 관계가 과거처럼 분명하지 않다.

원화 가치가 고평가되었는데,
왜 경상수지가 흑자를 기록하지?

[표 3]은 실질실효환율을 이용해 원화가 고평가된 것인지, 저평가된 것인지를 표시하고 있다. 1997년 전까지는 원화 가치가 고평가('플러스'의 영역)일 때는 경상수지가 적자를 기록한 반면, 원화 가치가 저평가('마이너스'의 영역)일 때는 경상수지가 흑자를 기록한 것으로 나타난다. 그러나 1997년 이후부터는 둘 사이의 관계가 역전되어, 원화 가치가

[표 3] 원화 가치의 고평가 혹은 저평가 정도(파란선, 좌축)와 경상수지(검은선, 우축)

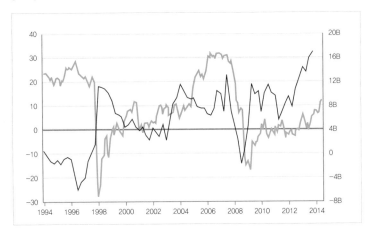

자료: 미국 세인트루이스 연준

고평가될 때 오히려 경상수지 흑자를 기록하고, 반대로 원화 가치가 저평가될 때 경상수지 적자가 발생하는 것을 알 수 있다.

왜 이런 기현상이
발생하는 걸까?

그 답은 두 변수(환율과 경상수지)가 서로 영향을 미치기 때문이다. 1997년 이전에는 달러/원 환율이 고정되어 있었기에 환율이 고평가되고 저평가되느냐에 따라 경상수지가 결정되었다. 그러나 1997년 이후에는 변동환율제도로 바뀌어, 경상수지를 비롯한 여러 지표가 변화할 때마다 환율이 이를 먼저 반영해 움직이는 식으로 아예 시스템이 변화한 것이다. 따라서 원화 가치가 고평가되었는지 저평가되었는지를 따지는 것뿐만 아니라, 경상수지를 비롯한 환율 결정 요인에 대해서도 공부해야 한다.

[표 4]는 1980년 이후 지금까지의 달러/원 환율과 누적 경상수지의 관계를 보여주는데, 경상수지의 중요성이 점점 더 커지는 것을 한눈에 볼 수 있을 것이다. 1990년대 후반처럼 경상수지가 악화된 이후에는 어김없이 달러/원 환율이 급등하며, 반

대로 2009년처럼 경상수지가 빠르게 개선될 때는 달러/원 환율
의 하락이 뒤따랐다.

[표 4] 경상수지(누적)와 달러/원 환율 추이

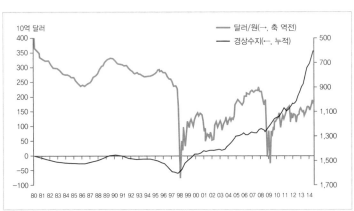

출처: 한국은행 경제통계정보시스템

경상수지,
어떻게 구성되나?

먼저 개념 정리부터 시작하자. 국
제수지는 일정 기간 동안 국가 간에 발생한 모든 경제적 거래를
체계적으로 기록한 것이다.[6] 즉 경상수지를 비롯한 다양한 국
제수지 통계는 특정 기간 동안 발생한 외화의 흐름을 기록한

것이지, 어떤 잔량을 기록한 것이 아님을 의미한다. 회계로 이야기하자면 재무상태표가 아니라, 손익계산서에 해당한다.[*]

국제수지는 크게 거래의 특성에 따라 경상수지와 자본수지로 나뉘어지며, 경상수지는 상품수지와 서비스수지, 소득수지로 구성된다. 이 세 항목 중에서 가장 중요한 것이 수출액과 수입액의 차액으로 계산되는 상품수지다. 수출이 수입보다 크면 상품수지는 흑자(플러스)가 되며, 반대로 수입이 수출보다 큰 경우 상품수지는 적자(마이너스)를 기록하게 된다.

상품수지 다음으로 크며 최근 그 중요성이 커지고 있는 것이 서비스수지로, 외국과의 서비스 거래로 수취한 돈과 지급한 돈의 차이를 말한다. 즉 우리나라의 선박이나 항공기가 상품을 나르고 외국으로부터 받은 운임, 외국 관광객이 국내에서 쓴 돈, 무역대리점의 수출입 알선 수수료 수취 등이 서비스수입이 된다. 반대로 우리나라가 외국에 지급한 선박과 항공기의 운항 경비, 해외여행 경비, 특허권 사용료 등은 모두 서비스지급으

알고 가자! 국제투자대조표란?

국제수지 통계에서 재무제표의 대차대조표 역할을 하는 것이 '국제투자대조표'이다. 국제투자대조표는 특정 시점에서 한 나라가 보유하고 있는 대외투자 잔액 및 외국인투자 잔액과 그 변동 내역을 일목요연하게 나타내주는 통계다.

로 나타난다.

　이상의 둘만큼 비중이 크지는 않지만 소득수지(정확하게는 이전 소득수지와 본원소득수지)도 경상수지에 큰 영향을 미친다. 특히 소득수지는 4월과 5월에 대규모 적자를 기록하는 등 월별 등락이 크기로 유명하다. 왜냐하면 소득수지는 우리나라 사람이 외국에 단기간(1년 이내) 머물면서 일한 대가로 받은 돈과 국내에 단기로 고용된 외국인에게 지급한 돈의 차이를 나타내는 급료 및 임금(피용자 보수) 수지, 우리나라 사람이 외국에 투자하여 벌어들인 배당금과 이자, 외국인에게 지급한 배당금과 이자의 차이를 나타내는 투자소득수지로 구성되기 때문이다. 따라서 4~5월의 배당금 지급 시기가 되면 한국의 주식을 매수한 외국인 투자자가 배당금을 자국으로 대거 송금해, 대규모의 소득수지 적자가 발생하게 된다. 물론 한국 투자자의 해외주식 투자 규모가 날로 늘어나고 있는 만큼, 언젠가는 4~5월에도 소득수지가 흑자를 기록하게 될지도 모른다.

경상수지는
어떨 때 흑자가 나는가?

　　　　　　　　　이제 보다 자세히 경상수지의 변동 요인을 살펴보자. 2장의 유럽 재정위기 부분에서 상세하게 설명했듯, 경상수지는 기본적으로 저축과 투자의 함수다. 저축이 투자보다 많을 때는 경상수지가 흑자를 보이는 반면, 저축이 투자보다 적을 때는 경상수지 적자가 발생한다. 예를 들어 2000년대 중반 그리스처럼 경기가 호황을 보일 때는 투자가 활성화되니 경상수지 적자가 발생할 가능성이 높다고 할 수 있다.

　이런 국내 요인 이외에 경상수지에 영향을 미치는 요인이 하나 더 있다. 그것은 교역조건 변화다. 여기서 교역조건이란, 쉽게 말하면 한국 수출 제품 가격과 수입제품 가격의 비율을 의미한다. 식으로 표시하면 아래와 같다.

　교역조건 = (수출단가/수입단가)×100

　지난 1996년처럼 한국의 주력 수출 제품인 반도체 가격이 폭락하는 경우에는 교역조건이 급격히 악화될 것이다. 그리고 교역조건이 급격히 나빠질 때는 경상수지가 크게 악화된다. 왜

냐하면 수출한 대금으로 수입할 제품에 대한 잔금을 치르기 턱
없이 부족하기 때문이다.

[표 5] 교역조건의 변화(검은선, 우축)와 경상수지(파란선, 좌축) 관계

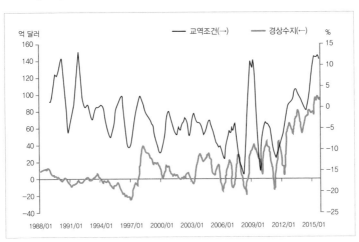

출처: 한국은행 경제통계정보 시스템

  반대로 2014년 하반기부터 시작된 국제유가의 급락 국면에
는 교역조건이 크게 개선되었다. 우리나라 수출 제품의 가격
이 변하지 않은 반면 수입 제품의 가격이 하락하니, 수출하고
받은 대금으로 수입품 결제를 하고도 돈이 많이 남아 경상수지
흑자를 기록하게 된다. 따라서 경상수지의 변화를 예측할 때는

국내 변수뿐만 아니라 글로벌 지표. 특히 상품 가격의 동향에 관심을 기울여야 한다.

경상수지가 흑자인데도
환율이 상승하는 이유

실질실효환율과 경상수지, 이제 이 두 변수만 알면 달러/원 환율의 방향을 예측할 수 있는가? 물론 장기 추세는 맞는 말이다. 10년 아니 30년을 놓고 본다면, 결국 경상수지 흑자 국가의 통화 가치가 상승한다는 데 한 표 던질 수 있다. 당장 우리나라만 봐도 대규모 경상수지 흑자가 유지되는 가운데 국가신용등급의 지속적인 상향 조정을 경험하지 않는가?[7]

그런데 단기 전망의 영역에서는 경상수지의 영향력이 그렇게 크지 않다. [표 6]에 나타난 것처럼 경상수지 흑자가 지속되고, 또 원화의 저평가가 지속되고 있음에도 불구하고 2015년 내내 달러/원 환율이 상승한 것을 발견할 수 있다.('원' 부분) 왜

[표 6] 달러/원 환율(파란선, 좌축)과 누적 경상수지(검은선, 우축)의 관계

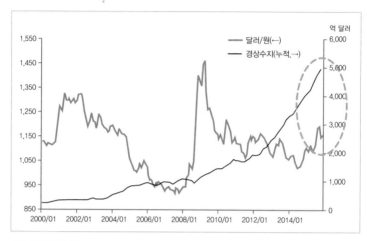

출처: 한국은행 통계정보 시스템

이런 기현상이 벌어졌을까?

미국 달러 가치의 변화에
주목하라!

이 질문에 답하기 위해서는 고개를 돌려 해외 변수를 살펴봐야 한다. 해외 변수 중에서도 가장 중요한 변수가 미국 달러 가치(dollar index)의 변화다. 달러 가치

는 미국 연준에서 매일 발표하는 교역 가중 환율을 의미하는 데, '교역 가중'이라는 말에서도 짐작할 수 있듯 미국이 가장 중요하게 생각하는 유로, 파운드, 엔 등 주요 6개국의 통화를 교역 비중에 따라 가중 평균하여 계산한다.

즉 세계를 움직이고 있는 주요 통화에 비해 달러가 어떤 평가를 받고 있는지를 보여주는 지표라 할 수 있다. 그런데 이 지표와 달러/원 환율을 비교해보면, [표 7]처럼 매우 밀접한 관계를 맺고 있는 것을 알 수 있다. 달러 가치가 상승하면 달러/원

[표 7] 미국 달러 가치(검은선, 우축)와 달러/원 환율(파란선, 좌축)의 관계

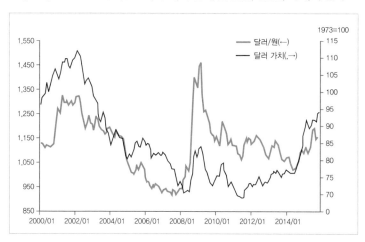

출처: 한국은행 경제통계정보시스템, 미국 세인트루이스 연준

환율도 상승하고, 반대로 달러 가치가 하락하면 달러/원 환율도 하락하는 경향이 매우 뚜렷하다. 물론 2006~2007년처럼 미국 달러 가치의 변화가 크지 않았을 때 달러/원 환율이 급락하는 등 예외가 없는 것은 아니다.

세계 경제가 어려울 때
달러 강세가 출현한다!

왜 이런 현상이 나타날까? 그 이유는 달러화의 강세가 주는 신호이기 때문이다. 일반적으로 달러는 세계 경제가 어려움을 겪을 때. 다시 말해 기업의 파산 위험이 높아지고 한국 등 수출 공업국의 경제가 어려워질 때 달러 강세가 출현한다. 이런 현상을 '안전자산 선호' 현상이라고 부르는데, 투자자는 자신이 보유한 자산의 가치가 하락한다고 느껴질 때 달러화, 채권 등 안정적인 자산을 선호한다는 현상 때문에 붙여진 이름이다.

[표 8]은 미국의 투기 등급 회사채 가산금리와 달러 가치의 관계를 보여주는데, 투기 등급의 회사채 가산금리가 급등할 때마다 달러 강세가 출현하는 것을 발견할 수 있다.* 물론 반대로

투기 등급 회사채의 가산금리가 하락할 때 달러화는 약세로 돌아선다.

[표 8] 미국 달러 가치(파란선, 좌축)과
투기 등급 회사채 가산금리(검은선, 우축)의 관계

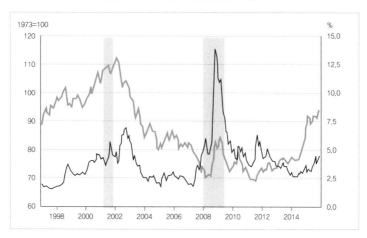

출처: 미국 세인트루이스 연준

신용등급에 대해 조금 더 설명하자면, 회사채는 채무 이행 능력(=빚을 갚을 수 있는 능력)에 따라 AAA부터 D까지의 신용등

알고 가자! 가산금리란?

가산금리란 가장 신용도가 높은 국채와 회사채의 금리 차이를 뜻한다. 예를 들어 Ford가 발행한 10년 만기 회사채 금리가 10%인데, 미국 정부가 발행한 10년 만기 국채 금리가 2%라면 가산금리는 8%가 될 것이다.

급을 부여받는다. 기업이 발행한 회사채의 신용등급은 무디스(Moody's)나 스탠다드 앤드 푸어스(Standard&Poors, 이하 'S&P') 등의 국제적인 신용평가기관, 그리고 한국에서는 한국신용평가 및 한국신용정보 등의 회사가 결정한다.

앞에서 이야기했던 '투기 등급 회사채'란 BBB⁻ 등급 이하의 채권을 의미하는데, 이런 채권에는 연기금을 비롯한 기관투자자의 참여가 제한되기 때문에 매우 모험적인 투자자들이 투자하는 상품이라 할 수 있다. 금융시장에서는 이런 종류의 상품을 '위험자산'이라고 부르는데, 미국 달러 표시 국채 등의 '안전자산'과 엄격하게 구분하곤 한다.

우리가 이런 위험자산에 대해 관심을 가지는 이유는 이들 투기 등급 채권이 경기의 동향에 민감할 뿐만 아니라, 금융시장의 여건 변화를 잘 반영하기 때문이다. 투기 등급의 회사채는 높은 금리를 제시하는 대신 높은 원금 지급 불능의 위험을 지니고 있기 때문에, 모험적인 투자자는 항상 경제 상황 및 금융시장의 여건을 체크하고 있어야 한다. 이런 까닭에 미국 투기등급 채권의 가산금리는 금융시장에 참가한 투자자의 심리 상태 및 미래 경제에 대한 의견을 보여주는 좋은 잣대가 되는 셈이다. 따라서 환율의 변화 방향을 예측하려면 국내 변수로는 경상수지, 해외 변수로는 무엇보다 미국의 투기 등급 회사채의 가산금리에 관심을 기울여야 한다.

미국의 실질금리,
달러 가치의 변화 촉발

이 정도로 투기 등급 회사채와 달러 가치의 관계에 대한 이야기를 정리하고, 미국 달러 가치에 영향을 미치는 또 다른 요인을 알아보자. 투기 등급 회사채 가산금리의 변화는 2008년이나 2000년처럼 글로벌 경제 불황의 위험이 부각될 때, 달러의 강세를 잘 설명한다. 그러나 이런 시기를 제외하고 보면, 달러 가치의 변화를 예측하는 데 별 다른 도움을 주지 못한다. 대표적인 예가 2014년부터 시작된 달러의 강세다. 2014년부터 달러는 본격적인 상승 흐름을 타고 있지만, 투기 등급 회사채의 가산금리에는 큰 변화가 목격되지 않기 때문이다.

그렇다면 2014년부터 달러 강세가 시작된 원인은 어디에 있을까?

그 답은 미국 실질금리의 상승에 있다. 미국의 실질금리가 중요한 이유는 '안전자산'으로 항상 간주되는 미국 국채가 얼마나 '투자자의 구매력을 지킬 수 있는가'를 보여주는 지표이기 때문이다. 세계의 수많은 기관투자자가 달러화 표시 채권을 선호하는 것은 사실이지만, 달러 표시 채권에 투자했다가 인플레이션 수준에도 미치지 못하는 금리를 받게 되면 고민될 수밖에 없다. 그런데 미국 국채가 플러스의 실질금리를 제공한다면? 이때는 '꿩 먹고 알 먹고'의 선택이 될 수 있다. 즉 2008년 글로벌 경제위기 같은 시기를 대비해 달러화 자산으로 일종의 '보

[표 9] 미국 달러 가치(파란선, 좌축)와 미국 실질금리(검은선, 우축)의 관계

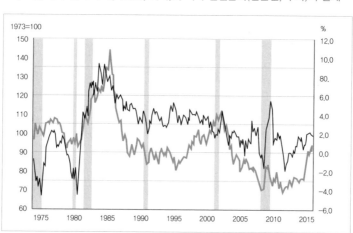

출처: 미국 세인트루이스 연준

험'을 들 수 있는 데다, 플러스의 실질금리도 수령하니까 투자자가 몰려든다.

2014년부터 미국의 실질금리가 상승한 것은 미국의 중앙은행이라 할 수 있는 연방준비제도이사회(이하 '연준')가 2006년 이후 처음으로 정책금리를 인상하는 움직임을 보였기 때문이다. 정부의 정책금리는 은행 간의 단기금리에 직접적인 영향을 미치지만, 미국 중앙은행의 금리 인상은 채권시장 전체에 매우 큰 영향을 미친다. 연준이 금리를 인상하는 이유가 '경기 회복' 혹은 '물가 상승'에 있기에, 만기가 긴 채권 금리에도 영향을 미치지 않을 수 없기 때문이다.

물론 이밖에도 미국의 무역수지라든가, 미국과 유럽 간 금리차 같은 다양한 지표들이 미국 달러 가치의 예측에 보조적으로 사용된다. 하지만 미국의 투기 등급 회사채 가산금리와 실질금리만큼 중요한 지표는 없다.

외환위기 재발 가능성
& 불황 가능성

환율의 변화 방향을 예측하는 법을 배우면서, '우리나라가 다시 외환위기를 겪을 가능성이 얼마나 되는지' 의문을 가진 독자가 많으리라 생각한다. 결론부터 이야기하자면, 적어도 5년 내에는 우리가 외환위기를 경험할 가능성이 제로에 가깝다고 이야기할 수 있다. 이렇게 자신만만하게 이야기하는 첫 번째 근거는 '한국이 변동환율제도를 채택'한 데 있다.

1998년 러시아 vs.
2014년 러시아

　　　　　　이제 1998년과 2014년의 러시아 경제 상황을 통해 환율제도의 변화가 어떤 영향을 미치는지 살펴보자. [표 10]은 1998년 당시 러시아 루블화의 환율 변화를 나타낸다. 1997년 발생한 아시아 외환위기로 원유 수요가 감소하자, 러시아의 경상수지가 급격히 악화되고 외환위기가 발생한 것을 알 수 있다.

[표 10] 1998년을 전후한 러시아 루블화 환율 추이

출처: 미국 세인트루이스 연준

1998년 러시아 정부가 모라토리엄, 즉 일체의 이자와 원리금의 지급 중단을 선언한 이유는 어디에 있을까? 그 이유는 고정환율제도에 있었다. 환율이 고정되어 있었기에 유가 하락은 곧바로 러시아의 재정 수입을 감소시키고, 경상수지를 악화시켰던 것이다. 이를 파악한 외국인 투자자의 루블화 표시 자산 매도에 맞서 외환당국이 환율을 유지하기 위해 개입함으로써, 외환보유고가 고갈되고 나아가 극심한 경기 침체가 발생하고 말았다. 결국 당시 러시아 정책당국은 손을 들고 모라토리엄을 선언하기에 이르렀다.

반면 2014년에는 전혀 다른 양상으로 진행되었다. [표 11]은 2014년 8월 국제유가 폭락 사태를 전후한 러시아 루블화 환율을 보여준다.

1998년과 마찬가지로 러시아 수출의 대부분은 원유와 천연가스로 구성되어 있기에, 국제유가의 하락으로 받은 충격은 동일했다. 그러나 1998년과 달리 달러/루블 환율이 33에서 70까지 2배 이상 급등하면서 루블화로 환산한 원유 수출 대금이 크게 증가했다. 이 결과 러시아의 재정수지는 흑자를 유지하고 경상수지마저 개선되는 모습을 보이고 있다. 물론 러시아의 외환보유고도 일시 감소한 후 최근에는 안정되는 모습이다.(2015

년 11월 기준, 러시아의 외환보유고는 3650억 달러에 이른다.)

이 사례에서 변동환율제도를 채택한 나라가 외환위기에 빠져들 가능성은 그리 높지 않다는 것을 알 수 있다. 일거에 달러 '사자' 주문이 집중되면서 일시적인 '유동성 부족' 사태가 발생할 가능성을 배제하면 말이다.

[표 11] 지난 5년간의 달러/루블 환율 추이

출처: Yahoo! Finance

풍족한 외환보유고도
'안전판' 역할 할 것

　　　　　　　　이런 유동성 위기의 가능성 때문에 외환보유고가 필요하다. 어떤 나라가 외환보유고를 충분히 비축하고 있으면 경제에 충격이 오더라도 숨을 돌릴 수 있는 시간을 벌 여지가 생긴다.

　1997년 당시 한국이 국제통화기금에 구제금융을 신청할 수밖에 없었던 이유는 외환보유고가 고갈되면서 외환시장의 기능이 상실되어 버렸기 때문이다. 외환시장 기능이 상실되면 수출 기업은 대금을 수령할 방법이 없고, 수입 기업은 해외에서 필요한 물건을 수입할 수 없다. 특히 한국처럼 늘 대규모의 원자재 수입이 필요한 수출 공업국가라는 점을 감안하면, 외환보유고의 고갈은 한국 경제의 입장에서 사망 선고나 다름 없는 일이었다. 따라서 여러 굴욕적인 조건을 감수하고서라도 국제통화기금에 구제금융을 신청할 수밖에 없었다.

　그러나 지금은 전혀 다르다. [표 12]에 잘 나타난 것처럼, 매월 거의 100억 달러에 달하는 경상수지 흑자 덕분에 외환보유고가 차곡차곡 쌓이는 중이기 때문이다. 물론 경상수지 흑자가 쌓이는 속도보다 외환보유고의 증가 속도가 더딘 것은 사실이지만, 이는 한국투자공사(KIC)와 한국은행의 스왑시장 개입 등에 따른 것으로 현재 한국이 가용할 수 있는 외환보유고는 4천억 달러 이상으로 추정된다.

결국 일시적인 유동성 위기가 발생한다 해도 충분히 외환보유고로 대응할 수 있기 때문에 한국이 1997년처럼 손을 들 가능성은 매우 낮다고 볼 수 있다.

[표 12] 한국 외환보유고(파란선)와 누적 경상수지(검은선) 추이

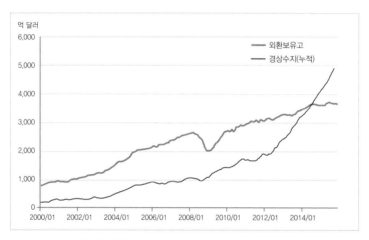

출처: 한국은행 경제통계정보 시스템

'외환'위기는 몰라도
불황은 피할 수 없다

　　　　　　　　이 대목에서 오해하는 독자가 있을 것 같아서 마지막으로 덧붙이면, 외환위기가 올 가능성이 낮다는 것이지 불황이 안 온다는 이야기는 아니다. 자본주의 경제는 항상 주기적인 불황을 경험했고, 2008년 이후 7년째 미국 등 선진국 경기가 확장되고 있는 만큼 머지않은 미래에 다시 불황이 찾아올 가능성이 높다.

　그러나 불황이 찾아온다 해도 2008년처럼 환율이 급등하고 경기가 나빠지는 것일 뿐. 1997년처럼 국제통화기금에 돈을 빌리러 가는 그런 사태가 빚어질 가능성이 낮다는 이야기다. 달러/원 환율이 1500원 전후까지 상승했던 2009년, 한국의 경상수지 흑자 규모는 336억 달러를 기록해 2008년 흑자 규모(32억 달러)의 10배를 넘어섰다. 이런 현상이 나타나는 이유는 환율이 급등할 때, 내수 경기가 얼어붙으면서 수입이 크게 줄어들기 때문이다. 즉 불황은 환율 상승을 유발해 경상수지 흑자 규모를 확대하는 기능을 한다. 따라서 불황 이후에는 달러/원 환율의 하락이 본격화될 가능성이 높다.

　4장에서는 이상의 논의를 바탕으로 왜 우리나라가 불황을 피할 수 없는지에 대해 살펴볼 것이다. 4장을 읽으면 왜 우리나라가 그토록 극심한 경기의 하강과 상승을 경험하는지 이해할 수 있을 것이다.

국가통계포털(www.kosis.kr)은 한국의 주요 경제 통계를 총정리한 곳으로, 너무 많은 통계가 오히려 검색에 어려움을 주는 문제가 있다. 여러 경제 통계 중에서도 한국의 경기선행지수의 전년동기대비 증가율 데이터를 다운받는 방법을 알아보자.

메인 페이지에서 '경기·기업경영(사업체)' 항목을 선택하면, 모두 여섯 가지의 세부항목을 볼 수 있다. 우리는 경기선행지수에 관심이 있으므로, 이 가운데에서 가장 위에 위치한 '경기종합지수'를 선택한다. '경기종합지수' 항목을 선택하면, 아래의 그림처럼 '경기종합지수(2005=100)'와 '경기종합지수(2005=100) 구성지표 시계열'이라는 화면이 보인다.

둘 다 필요한 지표지만, 지금 경기선행지수 중에서도 전년동월대비 증가율 데이터를 찾고 있는 만큼 '경기종합지수' 항목을 선택하면 다음의 새 창이 뜬다.

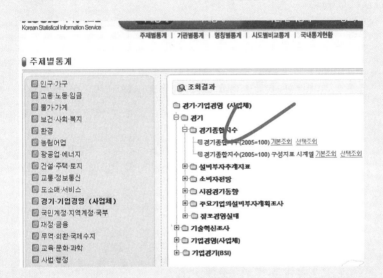

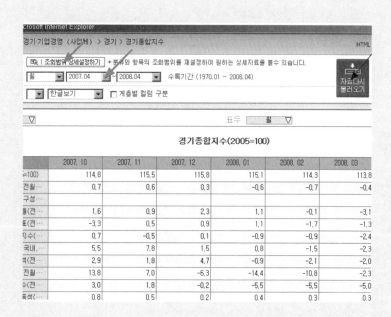

경기종합지수(2005=100)

	2007. 10	2007. 11	2007. 12	2008. 01	2008. 02	2008. 03
=100)	114.8	115.5	115.8	115.1	114.3	113.8
전월…	0.7	0.6	0.3	-0.6	-0.7	-0.4
구성…						
틀(전…	1.6	0.9	2.3	1.1	-0.1	-3.1
표(전…	-3.3	0.5	0.9	1.1	-1.7	-1.3
수(…	0.7	-0.5	0.1	-0.9	-0.9	-2.4
국내…	5.5	7.8	1.5	0.8	-1.5	-2.3
백(전…	2.9	1.8	4.7	-0.9	-2.1	-2.0
전월…	13.8	7.0	-6.3	-14.4	-10.8	-2.3
수(전…	3.0	1.8	-0.2	-5.5	-5.5	-5.0
동성(…	0.8	0.5	0.2	0.4	0.3	0.3

앞의 그림에 표시된 세 개의 화살표에 익숙해질 필요가 있다. 가장 쉬운 두 번째 화살표(기간 설정)는 다운로드받고 싶은 기간을 설정하는 곳이며, 세 번째 화살표는 기간 변경(혹은 옵션 변경)한 내용을 확정하는 것이다. 세 번째 화살표(자료 다시 불러오기) 누르는 것을 잊어버리면, 다운로드받은 통계가 변경되

어 있지 않은 것을 발견하게 되니 마지막에 꼭 확인할 필요가 있다.

다음 순서로 첫 번째 화살표(조회 범위 상세 설정) 부분을 선택하면, 다음의 화면이 새로 뜬다. 이 화면의 첫 번째 체크 표시(지수별 Level)를 누르면 표가 바뀌는데, 이 화면은 각 통계의 세부 변수를 다 볼 것인지, 아니면 대분류만 볼 것인지 선택하는 화면이라 할 수 있다. 만일 전체 항목을 모두 다운받고 싶으면 '>>'를, 특정 변수를 더 다운받고 싶으면 '>'를 선택하면 된다. 반대로 선택된 항목에서 특정 데이터를 제외하고 싶으면 '<'를 선택하고, 선택된 항목을 모두 제거하길 원할 때는 '<<'를 선택하면 된다.

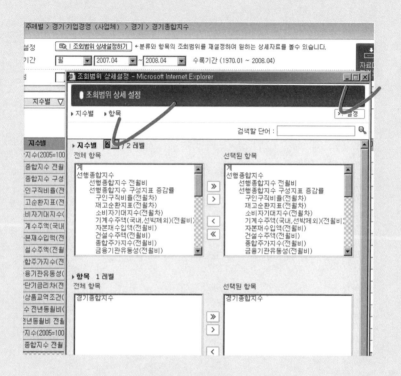

지금까지 선택한 것을 엑셀 파일로 다운로드받기 위해서는 오른쪽 상단에 위치한 '엑셀'을 의미하는 박스를 선택해야 한다. 받기를 원하는 데이터의 이름을 선택하고 저장하면 된다.

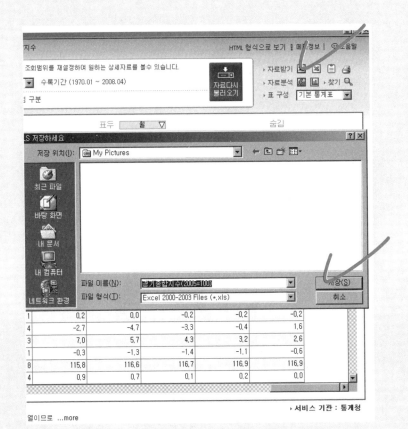

WS€¥

"엄청나게 큰 유전이나 급진적인 신기술을 개발하지 않는 한, 유가가 크게 떨어진다면 그것은 경제가 나빠져서 수요가 급감했기 때문이다. 경제가 나빠지는 것을 원하지 않는다면 석유 가격이 오르길 기도하라."

-켄 피셔, 〈3개의 질문으로 주식시장을 이기다(2006)〉-

4장

피할 수 없는 '위기'와
'기회'의 시대가 온다

3장에서 우리나라가 앞으로 1997년과 같은 형태의 외환위기를 경험할 가능성이 없다고 이야기했지만, 한국 경제가 위기를 겪지 않는다는 이야기는 하지 않았다. 솔직하게 말하자면, 다가오는 5년 안에 한국 경제는 2000년과 비슷한 매우 극심한 불황을 경험할 가능성이 매우 높다. 왜냐하면 우리 경제의 팔자가 그렇기 때문이다.

여기서 팔자 타령을 하는 이유는 한국 경제가 빠른 공업화를 시작했던 1960년대 초반 이후 수출 중심의 경제 구조를 형성했고, 1997년 외환위기를 거치면서 더욱 해외 경기 여건에 민감한 구조가 되었기 때문이다. 이 결과 선진국의 경기가 조금만 나빠지면 한국 경기는 아주 괴멸적인 타격을 받는다. '미국이 기침 하면 한국은 폐렴에 걸리는 구조.' 이게 한국 경제의 정체다. 아무리 외환보유고 쌓고, 또 외환시장에 적기에 잘 개입해도 이 원천적 구조를 피해 나갈 방법이 없다.

따라서 이 구조를 잘 이해하는 것이 돈을 지키고, 나아가 앞으로 미래의 자산을 쌓는 유일한 방법이다. 물론 '행운아'는 예외다. 로또에 당첨되는 행운을 가진 사람에게 이 모든 지식은 필요 없다. 돈 떨어지면 복권 사러 가면 될 테니까 말이다. 그러나 자신에게 이런 행운이 없다고 생각하는 독자는 4장을 꼭 읽어야 한다.

한국 경제,
선진국 소비시장에 달려 있다

　글로벌 경기의 변동을 일으키는 가장 중요한 요인은 '소비'
다. 그것도 미국 등 선진국의 소비. 이걸 이해하면 한국 등
개도국 경제가 왜 그렇게 자주 경기 침체와 상승을 경험하는지
이해할 수 있고, 미래 경기의 변동을 대체로 예측할 수 있다.

　그럼 왜 미국 등 선진국 소비자 행동이 개도국은 물론 세계
경기의 변동을 초래하는가?

　그 이유는 바로 개도국의 소비 지출 비중이 매우 낮기 때문
이다. 중국이 세계 2위의 경제권으로 성장했지만, 2013년 기준
중국의 저축률은 무려 **49.5%**에 이른다.(세계은행(World Bank) 데이
터베이스 기준이며, 추계 기관마다 중국 저축률 통계는 조금씩 다르다.) **다시**

말해 중국 국민은 벌어들인 소득 중에서 50.5%만 지출할 뿐 나머지를 모두 저축한다는 뜻이다. 우리가 13억 거대 시장이라고 중국을 묘사하지만, 지나치게 높은 저축률로 인해 중국 내수시장의 규모는 세계 경제 전체에서 차지하는 비중이 5.2%에 불과하다. 참고로 세계 2위의 인구를 자랑하는 인도 소비시장이 세계에서 차지하는 비중은 2.1%로 한국과 타이완 등 신흥공업국(NIEs)의 2.9%에도 미치지 못한다.

중국이 세계 소비시장을
떨쳐 울릴 날은?

왜 이런 현상이 벌어졌을까? 북경대학의 페티스 교수는 각국의 저축률을 결정짓는 변수는 경제 내 가계 비중, 소득 불평등, 그리고 마지막으로 금융기관의 발전 정도인데 중국의 경우 이 세 가지가 모두 문제라고 지적한다.[8]

가장 중요한 저축률 결정 요인은 GDP에서의 가계 비중이다. 가계 비중이 높으면 저축률이 낮고, 반대로 가계 비중이 낮으면 저축률은 높아진다. 두 번째 저축률 결정 요인은 소득 불평등이다. 소득 불평등이 높을수록 저축률은 상승한다. 마지막 요인은 소비를 뒷받침하는 신용 기능 여부다.

이런 요인 중 한두 가지를 바꾸는 정책은 즉각 저축률에 영향을 미친다. 중국의 경제성장은 저평가된 통화 가치, 낮은 임금 상승률, 그리고 가장 중요하게는 낮은 이자율로 인해 가계 부문에서 어마어마한 보조금을 받은 결과였다. 경제가 급속도로 성장함에 따라 경제성장에서 차지하는 가계 비중은 급감했고, 그 과정에서 저축률은 급증했다.

중국 경제의 가계 비중은 여전히 낮고, 소득 불평등이 해소될 여지가 없다는 측면에서, 중국의 저축률이 앞으로 크게 떨어지기는 어려울 것으로 보인다. 물론 금융기관의 발전은 보다 가속화되겠지만, 최근 지방정부의 부채를 채권으로 교환(swap)하는 과정에서 발생한 금융권의 손실 부담 구조 등을 감안하면 아직도 갈 길이 먼 상황이다.[9] 결국 세계 경제에 미치는 영향력 면에서 보면, 중국 등 신흥국 소비시장보다 선진국 소비시장이 훨씬 더 중요한 역할을 차지할 수밖에 없다.

참고로 2009년 기준으로 살펴보면, 이른바 G-7(선진 7개국) 국가가 세계 민간소비에서 차지하는 비중은 무려 61.2%에 이르며, 특히 미국은 이 가운데 절반 이상인 30.3%를 차지하고 있다. 따라서 우리가 세계 경제에 대해 이야기할 때는 제일 먼저 미국 소비자의 동향에 대해 이야기한 후, 다음으로 유럽과 일본의 소비자에 대해 이야기하지 않으면 안 된다.

[표 1] 세계 소비시장에서 주요국 비중

미국 30.2%
기타 23.9%
일본 8.3%
독일 6.0%
중국 5.2%
영국 5.0%
프랑스 4.9%
이탈리아 4.2%
스페인 2.7%
캐나다 2.7%
인도 2.2%
홍콩, 한국, 대만, 싱가포르 2.9%
인도네시아, 필리핀, 말레이시아, 태국 2.1%

자료: IMF, 크레딧 스위스 은행 추정
해설: 2009년 기준. 미국과 독일, 일본 등 이른바 G-7 국가의 소비가 세계에서 차지하는 비중이 61.2%에 이르는 것을 알 수 있다. 반면 세계 1위와 2위의 인구를 자랑하는 중국과 인도의 비중을 모두 합해도 7.4%에 불과하다.

투자보다 소비 지표가
더 중요한 이유는?

그런데 한 가지 의문이 제기될 수 있다. 선진국이 중요한 것은 알겠는데, 굳이 소비여야 할 필요가 있을까? 언론에서는 일반적으로 경제성장을 위해서는 기업의 투자가 무엇보다 중요하다고 이야기하지 않는가? 한국 경제에 미치는 경기 변동의 영향을 이야기하면서 왜 선진국 소비지출 통계에 집중하는가?

첫 번째 이유는 선진국일수록 소비 비중이 크기 때문이다. 미국 등 대부분의 선진국의 소비 비중은 국내총생산(GDP)의 거의 2/3에 이른다. 세계 경제의 영향력 측면에서 소비는 그 비중만큼이나 압도적인 영향력을 발휘할 수밖에 없다.

그리고 이보다 더 중요한 이유는 소비의 본격적인 개선이 있은 뒤에야 기업의 투자가 나타나며, 반대로 소비가 둔화되는 징후가 나타날 때는 투자가 급격히 감소하는 경향이 나타나기 때문이다. 즉 [표2]에 나타난 것처럼 소비가 투자에 선행한다.

[표2]에서 제일 중요한 것은 실질 소비자 지출이다.(굵은 박스로 표시된 부분) 미국의 실질소비지출이 증가하고 난 다음 0~6개월 뒤에 산업생산이 증가하는데, 이는 기업이 소비자의 지출

증가가 일시적인 현상인지, 지속적인 현상인지를 판단하기 어렵기 때문이다. 즉 6개월 정도 소비 동향을 지켜본 후, 본격적인 소비 회복이 시작되었다고 판단될 때에야 본격적으로 사람도 고용하고, 부족한 원자재도 보충해 공장을 본격 가동하는 게 일반적이다.

[표 2] 소비에서 시작된 경기 변동의 진행 과정

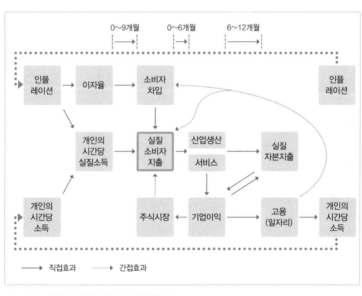

자료: 조지프 엘리스, 〈경제를 읽는 기술(2005)〉, 52p.

물론 2001년 9월 11일 발생한 대규모 동시다발 테러 이후의 시기처럼, 소비와 생산 모두 함께 감소한 경우도 있다. 그러나 이는 매우 특별한 경우로, 테러에 대한 공포가 고조되는 가운데 대부분의 소비자가 소비를 급격히 줄였기 때문이다. 이런 특별한 경우를 제외하면, 기업은 소비자의 일시적인 지출 변화에 대응해 '충분한 재고'를 확보하는 방식으로 사업을 영위해 나간다.

　　기업은 소비가 지속적으로 늘어나고 있음이 확인되고, 또 재고가 기업이 생각하는 적정 수준을 크게 하회하기 시작하면 생산을 늘리기 시작한다. 이 과정에서 기업의 이익은 빠르게 증가한다. 이때 기업의 이익이 빠르게 개선되는 이유는 기존의 설비 가동률이 상승하면서 아주 약간의 비용을 들이는 것만으로도 생산을 크게 늘릴 수 있기 때문이다. 왜 아주 '약간'의 비용이라고 말하느냐 하면, 일반적인 기업의 매출원가에서 인건비를 비롯한 변동비가 차지하는 비중이 매우 미미하기 때문이다.

　　이런 과정을 거쳐 기업의 수익과 주가가 상승한 다음에야 투자가 시작된다. 생산 증가 이후 6~12개월이 지나서야 설비투자가 시작되는데, 투자가 소비 및 생산에 거의 1년 이상 뒤늦게 반응하는 이유는 투자에 따른 위험 요인이 무척 많기 때문이다. 기업은 자사 보유의 여유 자금뿐만 아니라 빚을 내서도 투자를 하기에, 투자하기 전에 신중에 신중을 기하게 된다. 만에 하나 투자가 마무리되기 전에 수요가 줄어들면, 기업 실적 악화는 물론 빚을 갚지 못해 망해 버릴지도 모르기 때문이다. 따라서 대부분의 기업은 생산이 충분히 증가하고, 미래 수요가 안정적이라고 판단될 때 투자를 시작한다.

기업의 설비투자는 즉각적인 고용의 증가로 연결된다. 왜냐하면 기업은, 생산이 증가하는 초기에는 근로자의 근로 시간 연장을 통해 수요 증가에 대응한다. 하지만 설비투자를 단행할 정도로 수요가 증가할 때는 고용을 늘리는 게 훨씬 득이 되기 때문이다. 이런 신규 고용의 본격적인 증가는 노동시장의 수급 균형을 점차 근로자에게 유리하게 만들기 때문에 실질임금의 상승 가능성을 높인다. 물론 2008년과 같은 극심한 불황이 발생한 뒤에는 대량의 실업자가 발생하기 때문에 임금 상승을 기대하기 어렵지만, 기업의 투자가 본격화되고 고용 여건이 개선되면 결국 실질임금도 상승하게 된다.

이상의 이야기를 정리해보면, 먼저 소비가 증가하기 시작하면 0~6개월 뒤에 기업의 생산이 증가한다. 그리고 생산 증가가 6~12개월 이상 진행되면 기업의 실적이 개선되는 가운데, 서서히 설비투자 및 신규 고용이 재개된다. 물론 유휴 노동력이 많지 않다면 이 과정에서 임금 상승까지 나타나, 경제는 본격적인 호황 국면에 접어든다. 반대로 실질소비지출이 감소하기 시작하면 생산 감소가 뒤를 따르며, 이후에는 자본 지출 및 고용까지 감소하는 본격적인 경기 후퇴가 진행된다. 즉 가장 중요한 것은 민간 소비의 변동이며, 그 이외의 요인은 부차적인 부분에 불과하다.

2

채찍 효과? 경제와 외환시장의
연관을 이해하는 열쇠

이상의 설명을 통해 미국의 실질소비지출이 얼마나 세계 경제에 중요한 영향을 미치는지 충분히 이해했을 것이다. 다음 단계로 소비지출의 변화가 산업생산에 미치는 '파괴력'에 대해 살펴보자. 간단하게 말하면, 소비지출이 1% 포인트 늘어나면 산업생산은 얼마나 증가할까?

이 질문이 왜 중요하냐 하면, 미국의 산업생산 변화는 한국의 수출에 즉각적일 뿐 아니라 몇 배의 영향을 미치기 때문이다. 쉽게 말해 미국 실질소비지출 증가율이 1% 포인트 늘어나면, 미국의 산업생산 증가율은 2% 포인트, 그리고 한국의 수출 증가율은 5~10% 포인트 상승한다.

미국 소비지출의 사소한 변화가
한국 수출에 큰 변화를 유발한다

이런 현상이 나타나는 이유는 어디에 있는가? 그 답은 '채찍 효과(Bullwhip effect)'에 있다. 채찍 효과란 채찍의 손잡이 부위를 몇 센티미터만 움직여도 채찍의 끝부분이 몇 미터 이상 움직이듯, 공급사슬의 가장 끝에 위치한 기업이 공급사슬의 중간에 위치한 기업보다 월등히 큰 수요의 변화를 겪는 현상을 지칭한다.

제일 먼저 채찍 효과를 발견한 곳은 세계적인 생활용품 제조업체 'P&G(Procter & Gamble)'로, P&G의 아기 기저귀 물류 담당 임원이 수요 변동을 분석하다 발견했다.[10] 아기 기저귀라는 상품의 특성상 소비자 수요는 늘 일정한데 소매점과 도매점 주문 수요는 들쑥날쑥했던 것이다. 그리고 이러한 주문 변동의 폭은 '소비자→소매점→도매점→제조업체→부품업체→광산'으로 이어지는 공급사슬에서 뒤로 갈수록, 다시 말해 소비자로부터 멀어질수록 더 증가한다는 것을 발견했다.

이런 현상이 발생하는 이유는 어디에 있을까? 채찍 효과가 발생하는 첫 번째 원인은 수요의 왜곡에 있다. 소비자의 수요가 갑자기 늘면 소매점은 앞으로 수요 증가를 기대하는 심리로 기존 주문량보다 많은 양을 도매점에 주문하게 된다.

아베 크롬비가 생산하는 피케 셔츠에 대한 수요가 예상보다 5% 더 늘어난 경우를 생각해보자.[11] 이때 아베 크롬비는 신규 수요를 뒷받침할 수 있도록 전년보다 8% 혹은 10% 많은 피케 셔츠를 들여와 재고를 늘려 놓아야 한다. 왜냐하면 수요가 지금 5% 증가함에 따라 재고가 '적정' 수준을 크게 하회했기 때문이다. 아베 크롬비의 소매점 주문 증가를 집계한 아베 크롬비 뉴욕 총판도 같은 이유로 소매점 주문량보다 많은 양을 제조업체에 주문한다. 즉 수요 예측이 공급사슬의 끝으로 갈수록 점점 더 심하게 왜곡되는 것이다. 공급하는 제조업체의 물량이 한정되어 있으면, 한꺼번에 많은 양을 주문하는 도매업체에게 우선권을 주는 건 당연하다. 결국 물건을 공급받기 위해서 업체들은 경쟁적으로 더 많은 주문을 해서 공급을 보장받으려 한다. 이 과정에서 수요는 극도로 왜곡된다.

공급사슬에서 채찍 효과가 발생하는 두 번째 원인은 소비자에게서 멀어질수록 대량주문 방식을 필요로 하는 데 있다. 예를 들면 소비자는 소매점에서 물건을 한두 개 단위로 구입하지만 소매점은 도매상에서 물건을 박스 단위로 주문한다. 그리고 다시 도매점은 공장에 트럭 단위로 주문한다. 이처럼 공급사슬의 끝으로 갈수록 기본 주문 단위가 커진다. 그런데 이렇게 주문 단위가 커질수록 재고량이 증가하게 되고, 재고량 증가는 변화에 민첩하게 대응하지 못하게 하는 원인이 된다.

채찍 효과가 발생하는 마지막 원인은 주문 발주에서 도착까지의 발주 실행 시간에 의한 시차에 있다. 물건을 주문했다고 바로 물건이 도착하지 않는다. 주문을 처리하고 물류를 이동시키는 시간이 있기 때문이다. 그런데 문제는 각 공급사슬 주체의 발주 실행 시간이 저마다 다르다는 데 있다. 소매점이 도매점으로 주문을 했을 경우 물건을 받기까지 걸리는 시간이 삼사 일 정도라면, 도매업체가 생산업체에 주문을 했을 경우 물건을 받기까지 몇 주가 걸릴 수도 있다. 즉 공급사슬의 끝으로 갈수록 이런 물류 이동 시간이 증가한다. 그리고 이처럼 발주 실행 시간이 길어지면 주문량이 많아지고, 이는 재고량 증가로 이어진다.

이상의 내용을 잘 보여주는 그림이 [표 3]이다. 실질소비지출의 변화는 미미하지만, 산업생산 증가율은 어마어마하게 큰 것을 알 수 있다. 대표적인 시기가 2001년으로 실질소비지출은 전년 같은 기간에 비해 1% 증가를 기록했지만, 산업생산 증가율은 마이너스 5%에 이르렀다. 그리고 미국의 산업생산이 조금만 움직여도 한국 등 해외의 부품 공급업체의 수출은 더욱

[표 3] 미국 실질소비증가율(파란선)과 산업생산 증가율(검은선)의 관계

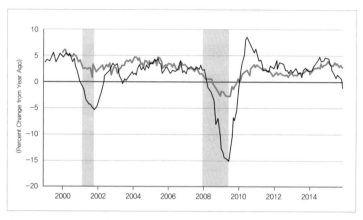

자료: 미국 세인트루이스 연방은행

크게 진폭한다.

[표 4]는 한국의 수출과 미국 산업생산의 증가율을 보여준다. 한국의 수출은 최대 50%에서 최저 -30% 사이를 움직이는 반면 미국의 산업생산 증가율은 최대 15%에서 최저 -20% 사이를 움직여, 한국 수출 변동폭이 미국 산업생산 증가율의 거의 3배에 이르는 것을 알 수 있다. 이런 현상이 나타나는 이유는 앞에서 살펴본 '채찍 효과' 때문으로, 한국 기업이 공급사슬의 끝에 위치하기 때문이라 할 수 있다.

[표 4] 미국 산업생산 증가율(파란선)과 한국 수출 증가율(검은선)의 관계

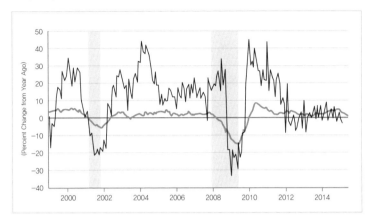

자료: 미국 세인트루이스 연방은행

국제유가가 하락할 때
한국 수출은 어떻게 될까?

여기서 한 발짝 더 나가보자. 한국 수출 증가율과 국제유가의 관계를 보여주는 [표 5]는 채찍 효과가 어떤 것인지를 극명하게 보여준다. 언뜻 보기에는 국제유가가 하락하는 국면에 선진국 소비자의 지출이 늘어나 한국 수출도 좋아질 것 같지만, 현실은 정반대인 것을 알 수 있다.

이런 현상이 나타나는 첫 번째 이유는 수출 단가의 하락 때

문이다. 우리나라의 수출 제품은 대부분 '원자재' 혹은 '부품'의
성격을 지니고 있기 때문에, 국제유가가 하락하는 등 원재료의
가격이 하락할 때 수출 단가도 하락하는 경향이 있다. 수출 단
가의 하락은 당연히 수출의 감소로 연결될 것이다.

두 번째 이유는 '채찍 효과' 때문이다. 미국 소비자 등 선진
국의 소비자가 지출을 줄이는 등 경기 여건이 나쁠 때는 한국
이 생산하는 제품이나 원자재 모두 수요가 급격히 둔화되기 때
문이다. 특히 '재고'가 이런 효과를 부각시킨다는 것은 이미 앞
에서 이야기한 바와 같다.

[표 5] 한국 수출(파란선)과 국제유가(검은선)의 관계

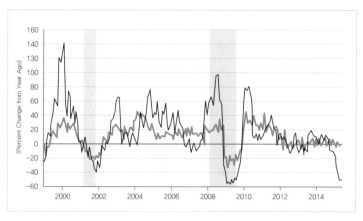

출처: 미국 세인트루이스 연준

이상의 분석에서 우리가 얻을 수 있는 교훈은 '세상이 매우 복잡한 곳이라는 점'이다. 경제학 교과서에서 배운 지식이 금융시장이나 실물 세계에서는 잘 작동하지 않으며, 특히 한국처럼 공급사슬의 끝부분에 위치하는 나라는 여러 면에서 고려할 게 많다는 것을 알아둬야 한다.

3

환율이 주가에 미치는 영향

국제유가와 한국의 수출이 같은 방향으로 움직이는 것을 보면서 많은 의문이 들었으리라 생각한다. 이제 조금 더 분석의 대상을 확장해서 외환시장에 대해 이야기해보자.

이 대목에서 잠깐 채찍 효과의 정의를 다시 한 번 되새겨 보면, 채찍 효과는 '최종 소비자─소매점─도매점─제조업체─원자재 공급업체'로 이어지는 공급사슬망에서 최종 소비자로부터 멀어질수록 수요 변동폭이 확대되는 현상을 의미한다. 즉 채찍을 휘두를 때 손잡이 부분을 작게 흔들어도 이 파동이 끝부분으로 갈수록 더 커지는 현상과 유사하기 때문에 붙여진 이름이다. 이 채찍 효과의 원리를 이용하면, 경제와 외환시장의 연관을 이해할 수 있다. 지금부터가 핵심이니 눈 부릅뜨고 따라오기 바란다.

환율이 상승할 때 주식시장은
어떤 모습을 보이나?

[표 6]을 살펴보면 경제학적인 설명으로 전혀 이해가 안 되는 현상을 발견할 수 있다. 즉 달러/원 환율이 상승하면 종합주가지수(KOSPI)가 하락한다.

[표 6] 한국 주가(검은선)와 달러/원 환율(파란선)의 관계

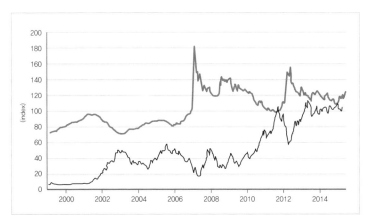

출처: 미국 세인트루이스 연준

이상하지 않은가? 한국 GDP에서 수출이 차지하는 비중이 50%를 상회하는 상황에서, 수출 경쟁력의 개선을 기대할 수 있는 달러/원 환율의 상승 국면에 주가가 하락하는 일이 빈번하게 발생하는 이유가 무엇일까? 이런 현상을 설명하는 방법은 두 가지가 있을 수 있다. 하나는 주식시장의 '비이성적인 측면'에 원인을 맞추는 것이며, 다른 하나는 '채찍 효과'에 따른 자연스러운 현상으로 간주하는 것이다.

먼저 첫 번째 주장을 보다 자세히 살펴보면 주식시장은 합법적인 카지노에 불과하며, 주식시장에서 거래되는 가격은 비이성적인 참가자들에 의해 결정되는 우연에 불과하다는 주장이다. 그러나 이 주장에는 두 가지의 흠이 있다. 첫 번째는 기관투자자의 존재를 무시하고 있다는 것이다. 외국의 뮤추얼펀드 매니저, 한국의 연기금 등의 기관투자자는 매우 합리적이고, 또한 수년 혹은 수십 년에 걸쳐 전문 트레이닝을 받은 사람들이다. 이런 기관투자자들마저 비이성적인 열광과 패닉에 사로잡혀 시장에서 말도 안 되는 가격을 항상 만든다고 볼 수 있을까? 그리고 나아가 이들 기관투자자의 비중이 시장에서 날로 증가하고 있다는 점도 '증시=카지노' 주장의 문제를 더욱 확대시킨다.

'증시=카지노' 주장의 두 번째 흠은 주식시장의 흐름이 기업 실적과 강력한 연관을 맺고 있다는 것이다. [표 7]을 보면, 기업 실적과 주가는 매우 강한 연관 관계가 있다. 그런데 기관투자자의 비중도 높고, 기업 실적과 주식시장의 연관도 높은데 어떻게 환율이 상승할 때 주가가 하락하는가?

다시 말해 환율이 상승할 때 기업 실적이 악화되는 이유는 무엇인가? 이에 대해 보다 자세히 살펴보자.

[표 7] MSCI Korea 지수와 한국 기업의 주당 순이익(EPS, Earning per Share)

자료: 모건 스탠리 캐피털 인터내셔널(MSCI), 톰슨 로이터(Thomson Reuter)
해설: 왼쪽 축은 MSCI 한국 지수(Korea Index)며, 오른쪽 축은 한국 주요 기업의 이익을 표시하고 있다. 톰슨 로이터는 전 세계 애널리스트의 이익 전망치를 집계 가공하여 이를 원하는 투자자에게 판매하는 기업이며, 국내 기업을 대상으로 한 애널리스트의 이익 추정치 데이터베이스는 국내 기업 와이즈 에프엔(Wisefn)과 에프엔 가이드(FnGuide)에서도 제공한다.

'환율 상승=주가 하락'의 이유,
채찍 효과에 있다

　　　　　　　　　　　　'환율 상승=주가 하락=기업 실적
악화' 현상이 나타나는 이유는 '채찍 효과'에서 찾을 수 있다.
이 대목에서 한번 가정해보자. 우리가 글로벌 투자자라고 가정
할 때, 미국 소비자의 지출이 증가할 때 미국 달러 자산을 사겠
는가? 아니면 한국 등 개도국 자산을 매입하겠는가?

이에 대한 글로벌 투자자의 답은 분명하다. 글로벌 투자자
는 선진국 경기가 좋으면 한국 등 개도국 자산에 투자하며, 반
대로 선진국 경기가 나빠지면 한국 등 개도국 자산을 집중 매
도하는 것이다. 심지어 미국 부동산 시장의 버블이 붕괴되면서
발생했던 2008년 서브 프라임 위기를 전후해서도 글로벌 투자
자는 한국 주식을 처분한 대신 미국 주식을 매입했다.

글로벌 투자자가 선진국 소비가 둔화될 때, 미국 등 선진국
의 자산을 매입하는 이유는 무엇일까?

가장 직접적인 이유는 기업의 실적 전망 악화에 있다. [표 8]
에서 보듯, 한국 기업의 실적은 기본적으로 미국 등 선진국 소
비자의 지출 동향에 매우 민감하다. 아주 단순화하자면, 미국
의 실질소비 증가율이 평균적인 수준(3% 전후)에서 1% 포인트

만 상승해도 한국 기업의 실적은 100% 포인트 가까운 변동을 경험하는 것이다. 이런 현상이 발생하는 가장 직접적인 이유는 한국 기업이 공급사슬의 끝에 위치하기 때문일 것이다. 즉 '채찍 효과'를 발생시키는 여러 요인(수요의 왜곡 및 대량주문의 필요성, 그리고 거리의 문제)이 한국 기업의 실적 변동성을 키우는 요인으로 작용한다.

결국 외국인 투자자의 행동은 매우 타당한 것으로 봐야 한다. 미국 기업 실적이 나빠지는 속도보다 한국 기업의 실적 악화 속도가 훨씬 빠를 것으로 예상되면, (항상 모든 자산의 90% 이상

[표 8] 미국 실질소비지출(파란선, 좌축)과 한국 기업 실적(검은선, 우축) 관계

자료: 톰슨 로이터, 미국 세인트루이스 연준

을 주식으로 보유해야 하는 펀드매니저 입장에서) 한국 주식보다 미국 주식을 매입하는 게 타당한 행동이 될 것이기 때문이다. 이런 외국인 투자자의 행동이 모이고 모인 결과가 결국 환율이 상승할 때 주가가 하락하는 것으로 나타나는 셈이다.

환율 변동이
기업 실적에 미치는 영향

환율의 상승은 한국의 수출과 기업 실적에 부정적인 뉴스였다. 언뜻 보기에는 환율이 올라가서 한국 기업의 경쟁력이 개선될 것 같았지만, 데이터는 전혀 반대의 이야기를 했다. 먼저 환율이 상승할 때는 수출이 부진했고, 기업의 실적도 나빠졌다.

이런 현상이 나타난 이유는 크게 두 가지 때문일 것이다. 3장에서 이미 배운 것처럼, 환율 상승이 경상수지의 악화에서 비롯되었을 가능성을 부인할 수 없다. 왜냐하면 경상수지의 악화는 한국 교역조건이 악화되었거나, 원화 가치가 적정 수준을 넘어서 매우 고평가되었기에 발생한 일일 수 있기 때문이다. 경상수지가 악화되어 환율이 급등할 가능성이 높은 나라에 투자하려는 사람은 없을 것이기 때문에, 최근의 브라질처럼 심각한 불황이 찾아올 수 있다.

두 번째 원인은 '채찍 효과'에서 찾을 수 있다. 선진국 소비자의 지출이 갑자기 둔화되는 징후가 나타나면, 선진국보다 한국 같은 신흥 수출국의 기업이 훨씬 더 타격을 받기 때문이다. 이런 경우, 글로벌 투자자의 입장에서는 한국 주식을 계속 들고 있는 것보다 이를 팔아서 차라리 미국 등 선진국의 주식을 매입하는 게 수익률의 입장에서 더 나은 선택이 될 것이다.

결국 환율의 상승은 주식시장의 참가자에게는 별로 좋은 뉴스가 아니다. 추가적인 환율의 상승을 우려한 투자자의 이탈이 발생하거나, 기업 실적의 급격한 악화가 나타날 가능성이 높기 때문이다. 따라서 환율이 이상 급등하고, 특히 3장에서 다뤘던 달러 강세, 투기등급 채권 가산금리 상승 등 환율의 예측 지표들이 불안한 모습을 보일 때는 주식시장의 조정 가능성을 대비하는 게 바람직하다.

　미국 공급관리자협회 신규주문 지수를 인터넷에서 다운받는 방법에 대해 배워보자. 영어로 되어 있는 사이트를 방문한다는 게 부담되지만, 워낙 직관적으로 되어 있어서 큰 어려움은 없을 것이다.

공급관리자협회
방문

　　　　　　　　　제일 먼저 공급관리자협회의 홈페이지를 방문해야 한다. 주소(http://www.ism.ws/)를 직접 입력해도 되고, 포털 사이트 검색창에서 '공급관리자협회'라고 입력해도 주소를 금세 찾을 수 있다.

　이중에서 우리가 가장 관심 있는 것은 최근에 발표된 공급관리자협회(ISM)의 보고서이니, 꺾쇠로 표시된 'ISM Report On Business' 항목을 클릭하자.

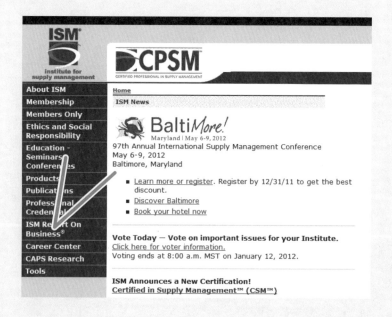

역사적인 데이터에

주목하자

                다음 단계로 다음 〈그림〉과 같이

새로 열린 페이지에서 제일 윗부분의 첫 번째 체크 표시(∨) 부분, 'Latest Manufacturing ROB'이 우리가 원하는 통계다. 최근 발표된 ISM 제조업 종합지수(PMI)는 물론, 우리가 찾으려는 신규주문(New Order) 지수 등 다양한 세부 지표의 흐름을 확인할

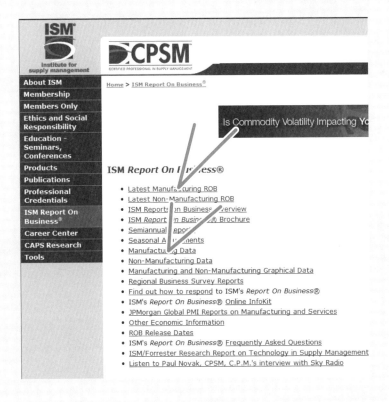

수 있다.

그러나 'Latest Manufacturing ROB'는 최근의 흐름을 보여줄 뿐, 과거의 역사적인 흐름을 보여주지는 않기 때문에 두 번째 꺾쇠 표시된 항목 'Manufacturing Data'을 클릭하자.

데이터
다운받기

이제 마지막 단계에 도달했다. 다음 창에서 'Historical Information'을 클릭하고, 새로 열린 창에서 'All Manufacturing Indexes in one file' 항목을 클릭하면 엑셀로 데이터를 다운받을 수 있다.

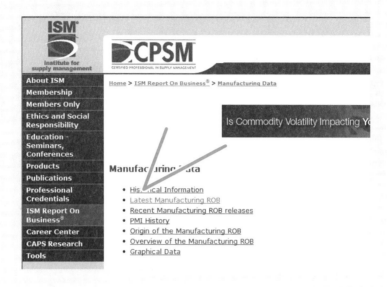

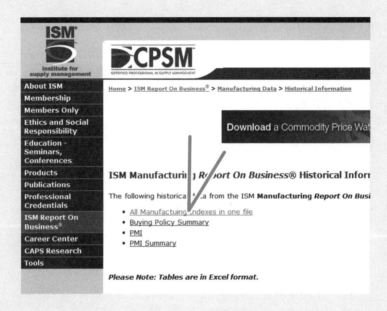

"돼지 사이클이라는 단어는 1928년 독일의 경제학자 아르투어 하나우가 처음 사용했다. (중략) 언젠가 알 수 없는 이유로 돼지고기 가격이 상승한다. 축산농가는 두 손을 비비며 기뻐한다. 그들은 소득이 올라가면서 당연히 더 많은 돼지를 사육하고 싶어 할 것이다. 그들은 평소보다 더 많은 새끼 돼지를 구입하고, 그 결과 새끼 돼지의 가격이 가파르게 상승한다. (중략)

소비자는 돼지고기 대신 닭고기로 소비 형태를 바꾼다. 그동안 많은 새끼 돼지가 태어난다. 당연히 사료값도 상승한다. 그렇게 많은 사료가 미리 생산되어 있지 않기 때문이다. 사료 값이 상승함에 따라 돼지의 사육비용도 상승한다. (중략)

예전보다 돼지고기 소비가 줄어들자 돼지고기가 시장에 넘쳐난다. 가격은 즉시 하락하고 축산농가는 손해를 보게 된다. 비싸진 사료 때문에 손해를 보면서 돼지를 사육해야 하기 때문이다. 반면 돼지 가격은 가파르게 하락한다. 왜냐하면 사료비용 때문에 축산농가의 돼지 매도가 더욱 늘어나기 때문이다. 이제 돼지고기는 거의 공짜처럼 헐값에 거래된다. 소비자는 이제 기뻐하며 돼지고기를 먹기 시작한다.

이제는 축산농가가 돼지 사육을 줄여 버렸으므로 적은 수의 돼지만 자라난다. 그러나 소비자는 다시 돼지고기를 먹기 시작한다. 따라서 돼지고기 가격은 다시 상승한다. 이상의 과정은 계속 반복된다."

—군터 뒤크, 〈호황의 경제학 불황의 경제학(2009)〉—

5장

달러, 그리고 아시아 주요 통화의 미래는?

달러/원 환율의 미래

앞으로 10년간의 달러/원 환율 전망 이야기를 하려면, 크게 경상수지와 경기를 나눠 이야기할 필요가 있다. 3장에서 이야기했듯 경상수지는 환율 변동의 원인이자 결과로써 매우 중요한 역할을 하며, 선진국의 경기 여건은 '채찍 효과'로 인해 한국 경제에 엄청난 파장을 일으키기 때문이다.

경상수지:
흑자 기조 장기화 예상

먼저 경상수지의 변화 방향에 대

해 살펴보자. 최근 경상수지 흑자 규모가 나날이 커지고 있는데, 이런 경향은 상당 기간 지속될 가능성이 높다고 본다. 왜냐하면 1997년 외환위기의 '트라우마' 때문에 한국은 외환보유고를 쌓고 경상수지를 흑자로 관리하는 데 많은 관심과 노력을 기울이고 있기 때문이다. 최근 발간된 흥미로운 책 〈달러 트랩〉에는 다음과 같은 이야기가 나온다.[12]

신흥 개도국으로서는 달러와 같은 경화(hard currency, 물가가 안정되어 통화 가치가 장기적으로 상승할 것으로 기대되는 통화)를 쌓아두면 일종의 보험에 가입한 것 같은 효과를 누리게 된다. 어떤 국가가 만기가 돌아오는 외채를 갚기 힘들다는 전망이 나오면 외국인 투자자는 취약해 보이는 국가를 피하게 되는데, 이는 그 자체로 자기 충족적인 예언이 되어 버린다. 왜냐하면 외국 자본의 유입이 갑작스럽게 중단되면서 자본 흐름이 바뀌고, 심지어 은행에서 대규모 자금 인출 사태가 발생하기 때문이다.

반면 이 나라가 상당한 규모의 외환보유고를 경화로 운용하고 있으면, 문제의 조짐이 보인다고 해도 투자자가 금세 자금을 빼내지 않을 것이다. 경제가 위기에 휩싸여 있다 해도 외환보유고가 풍부하면 급작스러운 자본 흐름의 변동에 따른 파괴적인 영향을 완화할 수 있다.

그렇다면 신흥 개도국이 외환보유고를 쌓으려면 어떻게 해야 하는가? 해외 자본을 유치하거나 경상수지의 흑자가 필수불가결하다. 그런데 해외 자본을 유치하기 위해서는 높은 투자수익을 제시하지 않으면 안 되는데, 이런 고금리는 결국 경상수지의 개선을 유발한다. 왜냐하면 금리 상승은 저축률을 개선시키는 반면 투자를 위축시키기 때문이다. 이렇게 하면 경상수지를 개선시킬 수 있지만 경기는 나빠진다. 저축률 상승은 곧 소비 부진을 의미하며, 투자율의 하락은 기업의 투자와 고용이 위축된다는 것을 뜻하기 때문이다. 따라서 이상과 같은 외환보유고 확충 정책은 일종의 '저강도 불황' 정책으로 해석할 수 있다.

물론 '불황'을 좋아하는 정치가는 없다. 그러나 1997년에 겪었던 끔찍한 외환위기의 트라우마는 고금리 정책에 대한 반발을 억제하는 동력으로 작용한다. 그리고 이런 흐름은 한국이라고 별반 다를 게 없다. 외환위기 이후 지속된 경제성장률의 하락 흐름, 그리고 과거에 비해 높아진 가계 저축률의 동향은 신흥국의 흐름과 크게 차이 날 게 없기 때문이다.[*] 특히 최근 발생한 달러화의 강세로 인해 원화의 저평가가 더욱 심화되어 한국 경상수지가 크게 악화될 가능성은 낮다고 본다.

마지막으로 저유가 흐름이 상당 기간 이어질 가능성이 높다는 점도 경상수지의 흑자 기조를 유지시킬 요인으로 작용할 것이다. 이 대목에서 짐 로저스의 책 〈상품시장에 투자하라〉의 한 대목을 인용해보자.[13]

이제 납 광산을 개발하려는 사업가를 가정해보자. 그는 지난 25년간 새로 생산을 시작한 납 광산이 세계적으로 단 한 곳에 불과하고, 중국과 인도 경제의 고성장으로 납에 대한 수요가 날로 증가하고 있음을 잘 알고 있다. 납이 가장 많이 사용되는 부분은 페인트나 휘발유지만, 최근 환경오염 문제로 납의 사용이 줄어든 대신 납 축전지에 대한 수요가 인도와 중국에서 크게 증가하고 있다.

알고 가자! 평균 소비 성향

2014년 기준 한국 도시 가계의 평균 소비 성향은 72.9%를 기록해, 2003년의 77.9%에 비해 5.0% 포인트나 하락했다. 참고로 평균 소비 성향은 처분 가능 소득에 대한 소비지출의 비중을 의미한다.

납 매장량이 많은 곳을 발굴해 광산을 개발하면 되지만, 납 광산 개발에는 많은 문제가 따른다. 먼저 월스트리트를 비롯한 전 세계의 투자은행은 납 가격이 수십 년간 하락했던 것을 보아왔기 때문에 납 광산 개발 프로젝트의 수익성에 대해 회의적일 것이다. 또한 환경단체와 정부는 납 광산의 개발에 많은 규제를 가할지도 모른다.

우여곡절 끝에 납 광산이 개발되더라도, 원석을 납으로 정련하는 납 제련소의 건설이 필요하다. 납 제련소는 대기 중에 독성이 함유된 연기를 뿜어대는 문제가 있다. 따라서 그는 광산 인근지역을 뒤져서 납 제련소라도 유치하려는 낙후된 지역을 찾아내야 한다.

이런 과정을 거치려면 아마 짧게는 수년 혹은 수십 년의 세월(평균 18년)이 걸릴 것이고, 예산보다 더 많은 자금이 투입될 것이다. 다행히 이런 노력의 결과가 보상받아 납 가격이 상승하기 시작하면, 개발자는 큰 돈을 벌게 된다. 그러나 일확천금을 좇아 많은 사업가가 납 광산을 개발하기 시작하면? 나아가 경제위기가 발생해 납에 대한 수요가 일거에 얼어붙으면 어떻게 될까?

균형점에서 한번 이탈하는 순간, 납 가격은 바닥을 모르는 추락 국면에 접어들게 될 것이다. 수십 년에 걸쳐 수백만 혹은 수천만 달러의 자금과 노력을 기울여 납 광산을 개발한 만큼, 납 가격이 10~20% 하락한다고 납 생산을 중단할 수 없다. 이미 많은 비용이 투입되었기 때문에 인건비라도 건질 수 있는 수준이라면 가격을 무시하고 생산을 계속할 것이다. 그렇기 때문에 균형의 회복은 더욱 어려워진다. 채산성이 떨어지는 납 광산이 문을 닫거나, 납 축전지업체가 보유한 납 재고가 떨어질 때까지 가격 인하 경쟁은 계속될 것이기 때문이다.

현재 전 세계 상품 공급업체가 처한 상황이 이와 비슷하다고 본다.

예를 들어 이제 막 대규모 투자를 통해서 석유를 퍼내고 있는 브라질 등의 신흥 산유국이 유가가 하락했다고 해서 바로 생산량을 감축할 수 있을까? 나아가 수평시추 수압 파쇄법이란 혁신적인 신기술을 채용해, 지난 10년간 자국의 석유 생산량을 두 배 이상 늘린 미국의 셰일 오일 생산업체들이 국제유가 하락 1년 만에 바로 유정의 뚜껑을 닫을 수 있을까?[*]

따라서 한번 공급과 수요의 균형이 무너지면 그 균형을 바로 잡는 데 10년 이상의 시간이 걸릴 수밖에 없어, 한국을 비롯한 원자재 수입국은 앞으로 상당 기간 교역조건의 개선을 경험할 가능성이 높다. 그리고 이러한 교역조건의 개선은 대규모 경상수지의 흑자 가능성을 높이는 요인으로 작용할 것이다.

달러 강세,
언제까지 지속될까?

경상수지에 대한 판단 이후에는 달러의 가치가 어떻게 움직일 것인지에 대해 고민해 봐야 한다. 한국 원화의 가치는 결국 기축통화 국가인 미국의 달러 가치에 큰 영향을 받기 때문이다. 결론부터 이야기하자면, 상당 기간(2~3년) 달러의 강세가 지속된 후 다시 달러 약세 국면이 출현할 가능성이 높다고 본다.

알고 가자! 수평시추 수압파쇄법이란?

수평시추 수압파쇄법에서 수평시추는 '방향제어 시추(Directional drilling)'의 한 종류다. 수직시추(Vertical drilling)의 경우 수직 방향으로 좁은 면적의 가스층에서만 생산이 가능해서 생산량 증대를 위해서는 다수의 생산정을 시추해야 하지만, 방향제어 시추로는 한 곳에서 여러 방향으로 생산관을 뻗어낼 수 있어 생산정 설치에 따른 초기 투자비가 줄어드는 이점이 있다. 수압파쇄는 물을 고압으로 주입해 세일 층에 강제로 틈을 만들어 천연가스 및 원유가 이동할 공간을 만들어주는 작업이다.

이런 전망을 하는 첫 번째 이유는 '경기순환' 때문이다. [표 1]에서 음영으로 표시된 부분은 미국의 경기 수축 국면인데, 대체로 5~6년 터울로 불황이 반복되는 것을 발견할 수 있다.(1945년 이후 미국의 경기 확장(=호황)은 평균 57개월 지속되었다.) 그러나 미국 경제는 2009년 봄 경기의 바닥을 찍은 후 거의 7년째 경기 호황을 지속하고 있다. 이는 미국의 경기 침체가 이제 그리 멀지 않았다는 것으로도 해석할 수 있다. 그리고 미국 경기가 침체될 때(음영 부분), 미국 투기등급 회사채의 가산금리가 급등하는 것을 절대 잊어서는 안 될 것이다.

[표 1] 미국 투기등급 회사채 가산금리와 미국의 경기순환

출처: 미국 세인트루이스 연준

3장에서 면밀하게 살펴본 것처럼, 미국 투기등급 회사채의 가산금리가 급등할 때 달러가 강세를 보이는 경향이 있다. 이는 달러/원 환율의 상승 요인으로 작용하게 될 것이기 때문이다. '미국 경제가 나쁠 때 달러가 강세를 보이는 현상'이 벌어지는 이유에 대해서는 4장 채찍 효과 부분에서 충분히 설명했으니, 다음 순서로 넘어가자.

달러의 강세가 2~3년간 지속될 것으로 보는 두 번째 이유는 '실질금리의 상승 가능성'에 있다. 3장에서 자세히 살펴본 바와 같이, 미국 실질금리가 상승할 때마다 달러의 강세가 출현했던 것을 잊지 말자.

그럼 왜 미국 실질금리의 상승 가능성을 높게 보는가?

그 이유는 미국의 인플레이션 위험이 조금씩 부각될 것으로 예상되기 때문이다. [표 2]는 미국의 실업률과 근원 소비자물가 상승률의 관계를 보여주는데 실업률이 떨어지면 인플레이션 압력이 높아지고, 반대로 실업률이 상승하면 인플레이션 가능성이 낮아지는 것을 알 수 있다.[*] 왜 이런 현상이 나타나는지에

알고 가자! 근원 소비자물가란?

근원 소비자물가(Core CPI)란 소비자물가의 여러 구성 품목 중에서 변동성이 큰 식료품과 에너지를 제외한 것이다.

대해서는 이미 2장 유럽 재정위기 부분에서 다룬 바 있다. 실업률이 평균 수준보다 낮아지는 등 경기가 호전되면 임금이 상승하며, 경제에 남아 있는 각종 유휴 자원이 고갈되면서 인플레이션 압력이 높아지는 것이다.

[표 2] 미국 실업률(파란선)과 근원 소비자물가 상승률(검은선)의 관계

출처: 미국 세인트루이스 연준

최근 미국 실업률은 5%를 밑돌고 있는데, 과거 이 정도의 실업률 수준에서 소비자물가는 항상 2.5% 이상 상승했던 경험이 있다. 따라서 미국 연준 입장에서 정책금리의 인상을 시도하는 일은 당연하며, 이 영향으로 시장금리가 앞으로 상승할

가능성을 열어둬야 한다고 본다. 다만 앞에서 지적했던 바와 같이 미국의 경기 확장이 길어지며, 불황의 가능성이 높아지고 있음을 미 연준도 잘 알고 있으니 금리인상의 강도는 강하지 않을 것으로 예상된다.

이 대목에서 한 가지 반론이 나올 수 있을 것이다. 국제유가의 급락 흐름이 나타나고 있는데, 미국 인플레이션이 그렇게 높아지겠느냐는 것이다.

충분히 일리 있는 이야기라고 생각한다. 다만 국제유가가 현 시점에서 추가적으로 하락할 폭은 크지 않다고 본다. 왜냐하면 이제 서서히 유가가 글로벌 석유 생산 기업들의 한계 생산비용 수준에 근접하고 있기 때문이다. 여기서 한계 생산비용이란, 추가적으로 원유 한 단위를 생산하는 데 투입되는 비용을 뜻한다. 중동 산유국은 1배럴에 10~20달러선, 미국 셰일 오일 채굴 업체는 40~60달러선으로 추정되는데 유가가 만일 20달러 수준까지 내려간다면 대부분의 기업이 원유 생산에서 이익을 내지 못한다.

따라서 국제유가가 일각에서 이야기하는 것처럼 무한정 떨어지기보다는 배럴당 20달러대에서 균형에 도달할 가능성이 높다고 본다. 이렇게 된다면, 유가의 하락이 가져올 '물가 안정'

효과도 점점 퇴색될 것이다. 왜냐하면 유가가 2014년 110달러에서 2015년 50달러로 떨어진 것은 60%의 가격 하락이지만, 여기서 다시 30달러 전후로 떨어지는 것은 40%의 하락에 불과하기 때문이다. 즉 가격 하락이 계속 진행되더라도 물가에 미치는 영향은 점진적으로 약해진다.

2~3년간 환율 상승 후,
다시 하락 흐름으로 복귀할 듯

이상의 내용을 정리해보자. 먼저 경상수지 측면에서는 경상수지의 흑자 가능성이 높으며, 특히 교역조건의 개선이 경상수지 흑자 폭을 확대시킬 것으로 예상된다. 여기에 원화의 가치가 '저평가'되어 있는 것도 경상수지의 흑자 가능성을 높이는 요인이다. 따라서 '장기적' 요인만 보면, 달러/원 환율은 향후 10년간 하락할 가능성이 높다.

그러나 단기적인 전망은 '상승'에 무게를 두고 싶다. 왜냐하면 달러의 강세 흐름이 당분간 꺾일 것 같지 않기 때문이다. 무엇보다 2009년 봄부터 시작된 경기 확장이 7년째 접어드는 게 부담이다. 역사적인 평균 확장 기간(5년 안팎)을 이미 크게 넘어선 데다 연준이 금리를 인상하기 시작한 게 경기의 탄력을 억제할 수 있기 때문이다. 미국 등 선진국 경기가 나빠질 때 훨씬 큰 폭의 수출 감소를 겪는 한국의 상황을 감안할 때, 달러 강세 국면에서는 달러/원 환율의 하향 안정을 기대하기 힘들 것이다.

이런 달러의 강세가 2~3년 이어진 후에는 추세의 반전이 나타날 것으로 예상된다. 무엇보다 달러/원 환율의 상승으로 원화의 저평가 폭이 더욱 심화되고, 대규모 경상수지 흑자로 인해 점점 원화의 평가절상 압력이 높아질 것으로 예상되기 때문이다. 물론 언제 어느 때 달러/원 환율이 추세적인 하락 흐름으로 돌아설지 예측하는 것은 불가능하다.

이렇게 이야기하면 '그런 이야기하고서도 전문가 행세를 하느냐?'고 비판하는 사람도 나올 것이다. 그렇지만 이게 최선이 아닐까. 왜냐하면 환율의 장기적인 추세를 예측하는 것은 어느 정도 가능할지 모르지만, 어떤 요인으로 언제 그 추세가 바뀐다고 이야기하는 것은 일종의 '점쟁이' 짓이 될 수밖에 없기 때문이다. 진정한 전문가라면 자기가 할 수 있는 것과 할 수 없는 영역을 명확하게 구분할 수 있어야 한다고 본다.

이 대목에서 지난 2012년 대선에서 257개 전 선거구의 결과를 정확하게 예측한 것으로 유명한 네이트 실버의 명저, 〈신호

와 소음〉을 잠시 인용해 보자.[14]

테틀록 교수는 여러 다른 영역 전문가의 예측을 수집하기 시작했다. 걸프 전쟁, 일본의 부동산 거품, 퀘벡이 캐나다에서 분리될 가능성 등 1980년대와 1990년대의 거의 모든 중요 사건을 대상으로 전문가의 의견을 모았다.

구소련의 붕괴를 예측하지 못한 것은 예외적인 사건인가? 아니면 '전문가'라는 사람들이 정치 분석을 할 때 정말로 밥값을 못하는가? 15년도 넘게 걸린 테틀록의 연구는 마침내 2005년 '전문가의 정치적 판단'이라는 책이 발간되며 결실을 얻었다.

테틀록 교수의 결론은 사회과학계를 엿 먹이는 것이었다. 그가 살펴본 전문가들은 직업이 뭐든 간에, 경험을 얼마나 쌓았던 간에, 전공 분야가 뭐든 간에 하나 같이 동전을 던져 판단을 내릴 때보다 낫지 않았다. (중략)

이 대목에서 한 가지 의문이 든다. 그렇다면 사회과학 분야의 전문가들 이야기는 모두 무시해야 하는가?

이 부분에 대해서 테틀록 교수는 '그건 아니다!'고 답한다. 전문가를 크게 여우와 고슴도치의 두 유형으로 구분할 수 있는데, 특히 '여우'로 분류되는 전문가가 월등하게 높은 예측력을 보인다고 지적한다.

테틀록 교수는 전문가가 제시한 답변을 바탕으로, 이들을 이른바 '고슴도치'와 '여우'라는 양극단 사이의 스펙트럼 위에 분류했다. (중략)

고슴도치는 거창한 생각, 즉 세상에 대한 지배적 원칙을 믿으며 '긴장하고 성급하며 경쟁적인' A형 행동양식 유형에 속한다. 〈자본론〉의 칼 마르크스와 〈꿈의 해석〉의 지그문트 프로이트, 〈아웃라이어〉의 작가 말콤 글래드웰을 생각하면 된다.

여우는 이에 비해 수없이 사소한 생각을 믿으며, 또 문제를 해결하려면 다양한 접근이 필요하다고 여기는, 관심이 사방팔방으로 뻗어져 있는 산만하기 짝이 없는 유형이다. 여우는 뉘앙스의 차이, 불확실성, 복잡성, 대치되는 의견 등에 좀 더 관대한 측면이 있다.

굳이 비유하자면, 고슴도치가 언제나 큰 녀석 하나를 노리는 사냥꾼이라고 한다면, 여우는 무언가를 부지런히 줍고 다니는 채집자다.

이미 두 유형에 대한 설명에서 양 집단의 우위는 쉽게 가려진다고 본다. 그런데 대중에게는 고슴도치가 훨씬 매력적이다. 왜냐하면 그들은 목소리가 크며, 극단적 전망을 제시하기에 대중매체의 관심을 끌기 좋기 때문이다. 게다가 고슴도치는 기억력이 나쁘다. 자신의 틀린 전망은 쉽게 잊어버리고, 새로운 극단적 주장을 제시하기에 여념이 없다.

내 인생의 철학이 위의 인용구에 다 녹아 있다. 난 젊은 날에는 고슴도치처럼 극단적인 전망을 곧잘 내놓았었지만, 20년이 넘는 이코노미스트 생활을 통해 그런 전망이 하등의 도움이 되지 않는다는 것을 깨달았다. 금융시장은 무서운 정글이며, 게임의 참가자들 모두가 '정말 그런지 결과로 검증해보자!'라는 말을 입에 달고 다니기 때문이다.

한마디로 말해, 10년 내에 한국에 외환위기가 온다는 고슴도치식 화법으로 쓰는 게 책 파는 데는 도움이 될지 모르나 시장의 플레이어들에게 철저하게 무시당할 것이기에, 나는 그 길을 가지 않는 것뿐이다. 겁쟁이라고 해도 좋고 소심하다고 해도 좋다. 난 고슴도치보다 여우가 좋으며, 환율 전망에 있어서도 이런 태도를 지켜 나감으로써 결국 시장의 플레이어들에게 인정받고 싶을 뿐이다.

중국 위안화의 미래

**기축
통화란?**

        기축통화(Key Currency)는 1914년 이전의 영국 파운드화처럼, 무역을 할 때 교역 대금 결제에 사용되는 통화(=결제통화)를 의미한다. 예를 들어 100톤의 면사를 프랑스 방직업체와 거래하려는 독일 원사업체의 입장에서, 영국의 파운드화는 매우 안정적이고 믿을 수 있는 결제통화였을 것이다. 왜냐하면 세계 누구나 파운드화를 가지려 노력했고, 자국의 외환보유고를 파운드화로 쌓아두기를 원했기 때문이다. 참고로 1913년 1차 세계대전 발발 직전 세계 외환보유액에서 파운드화의 비중은 48%에 달했으며, 1860~1914년 중 세계 교역의 60%가 파운드화로 결제되었다.[15]

또한 기축통화는 무역 거래 대금의 결제통화이자, 만일을 위해 쌓아두는 자금의 '준비통화'로써도 기능한다. 준비통화의 역할을 가장 잘 보여주는 예가 2008년 금융위기였다. 당시 한국 정책당국은 2,012억 달러에 달하는 엄청난 외환보유고를 가지고 있었지만, 환율의 급등을 막지 못했다. 당시 환율이 급등했던 가장 큰 이유는 외국인 투자자의 주식 및 채권 매도 규모가 시장의 예상을 초과하며, 급격히 공포가 확산된 데 있었다. 특히 일부 시장 참가자가 외환보유고 상당 부분이 매매가 어려운 자산에 투자되어 있어 유동외채(단기외채+1년 이내 만기 상환 장기외채)보다 가용 외환보유고가 적을 수 있다는 공포를 느꼈던 것도 환율의 변동성을 키운 요인으로 작용했다.* 따라서 대부분의 국가는 외환보유고를 위기 상황에 누구나 가지기를 원하는 통

알고 가자! 가용 외환보유고

연합뉴스(2008.10.2.), "가용 외환보유액 충분한가"라는 기사를 통해, '유동외채를 기준으로 하면 가용 외환이 거의 없다는 의견도 있다. 유동외채는 단기외채에다 1년 이내 만기가 오는 장기외채를 더한 것으로, 외환보유액이 유동외채에 비해 적어지면 심리적 불안이 커질 수 있다는 것이다.'라며 외환보유고의 부족 가능성이 있다고 지적했다.

화, 즉 달러나 유로 위주로 구성하기를 원한다.[**]

　일부에서 달러의 기축통화로서의 지위가 흔들리고 있다고 이야기하지만, 2011년 6월 말 현재 전 세계 중앙은행 외환보유고의 60.2%가 달러화로 채워져 있으며 유로화의 비중은 26.7%, 영국 파운드화의 비중은 4.2%에 불과해 지금 달러화의 지위는 여전히 튼튼한 것으로 보인다. 그런데 왜 중국은 최근 미국 달러화의 '기축통화로서의 지위'에 대해 끊임없이 문제를 제기하는 것일까?[***] 그 이유를 자세히 살펴보자.

알고 가자! [**]

한국은행의 자료, "외환보유액 운용현황과 향후 과제(2011.6)"에 따르면, 유가증권 89.5%, 예치금 8.7%, SDR(긴급인출권) 1.2%, IMF 포지션 0.6%, 금 0.03%로 구성되어 있다. 2010년 말 기준 외화자산의 투자 상품 구성을 살펴보면 정부 채권 35.8%, 정부기관 채권 21.8%, 회사채 16.5%, 자산유동화채 16.1%, 주식 3.8%, 예치금 2.0%이다.

알고 가자! [***]

2009년 4월 11일자 조선일보 기사, "가자, 기축통화로! 발톱 세운 중국"은 다음과 같이 중국 인민은행장의 발언을 소개하고 있다. "조우샤오촨(周小川) 중국 인민은행장은 중국 인민은행 홈페이지를 통해 '특정국가와 연계되지 않는 초국가적인 국제통화가 필요하다'며 '달러 대신 국제통화기금 특별인출권(SDR)의 역할을 확대하자'고 제안했다."

[표 3] 전 세계 외환보유고 구성 변화

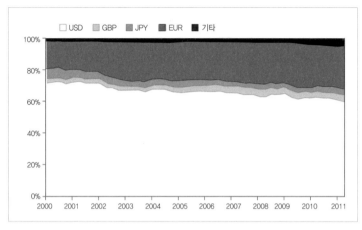

자료: IMF

[표 4] 외환시장 통화 거래량 점유율

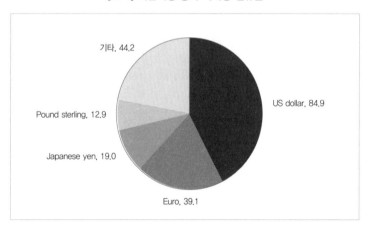

자료: BIS
주: 2010년 거래량 기준이며, 매수/매도가 함께 집계되기 때문에 총합은 200%.

중국이 달러의 기축통화 지위에
문제를 제기하는 이유는?

중국이 달러화의 기축통화 지위에 끊임없이 문제를 제기하는 이유는 '기축통화' 국가가 엄청난 이익을 누리기 때문이다. 기축통화 국가의 첫 번째 이익은 무역 및 자본 거래에서의 편리함이다. 2010년 현재 미국 달러화가 전 세계 외환 거래에서 차지하는 비중은 84.9%에 이르러, 미국 달러화에 대한 수요가 전 세계 외환 거래의 상당 부분을 차지한다.

미국에 전자제품을 수출하는 한국 기업을 생각해보자. 이 기업은 미국의 소매업체에 전자제품을 납품할 때, 달러화로 대금을 받길 원할 것이다. 왜냐하면 한국 기업은 미국에 물건을 팔기도 하지만, 중국에서 부품이나 중간재를 수입하기 때문에 중국의 거래업체에 대금을 지불할 필요가 있기 때문이다. 우리나라 기업이야 한국의 원화로 얼마든지 거래가 가능하지만, 중국 기업은 수출 대금으로 달러를 원하지 한국의 원화를 필요로 하지 않을 것이다.

이런 이유로 미국 기업은 자국에서 사용하는 통화인 달러를 다른 나라와의 거래에서 편리하게 사용하는 장점을 지니며, 특히 환율 변동으로 인한 위험에 노출될 이유가 없다. 반면 한국 기업은 달러화로 대금을 받고, 다른 나라 기업(여기에서는 중국 기업)에게 달러화로 대금을 지급해야 하기 때문에 늘 환율의 변동에 신경을 써야 한다. 환율의 변동을 피하기 위해서는 외국환은행에 가서 선물환 매도(수입 기업이면 매수)를 하는 불편을 겪어야 한다.

미국 달러화가 기축통화로 누리는 장점은 이것뿐만 아니다. 2014년 미국이 국내총생산의 2.8%에 이르는 재정 적자를 기록하고 있음에도 불구하고 채권 발행에 큰 어려움을 겪지 않는 이유는 전 세계 중앙은행의 달러 표시 자산 매수가 이어지고 있기 때문이다. 이 때문에 미국은 재정 및 경상수지의 적자에도 불구하고 자유롭게 통화정책을 펼칠 수 있을 뿐만 아니라, 해외 중앙은행의 매수세에 힘입어 채권금리를 아주 낮은 수준으로 유지하는 게 가능한 것이다. 한국 등의 개발도상국은 미국과 비슷한 수준의 재정 및 경상수지 적자를 기록했으면, 일찌감치 외환위기를 경험했을지도 모른다.

채권금리를 낮게 유지하는 것으로 기축통화의 '효과'가 끝나지 않는다. 미국이 대규모 경상수지 적자를 기록한 결과, 미국은 이미 세계 1의 채무국으로 전락했다. 앞에서 살펴본 바와 같이, 대규모의 경상수지 적자는 그 나라 경제에 저축 수준을 넘어선 과도한 투자가 진행되고 있음을 의미한다.(경상수지 = 총저축 – 총투자) 그러나 미국은 '과도한 투자'가 1982년 이후 30년 가까이 지속되고 있음에도 불구하고 1997년 한국처럼 외환위기를 겪을 가능성이 '0'에 가깝다.

왜냐하면 미국은 국내외 금융시장에서 쉽게 자금을 조달할 수 있기 때문이다. 오히려 경상수지 적자 국가인 미국이 통화 스왑 등을 통해 유럽이나 아시아의 중앙은행에 돈을 빌려주며 이자를 받는 상황이다. 대표적인 예가 2011년 11월 30일의 '중

[표 5] 미국의 GDP 대비 재정수지(검은선) 및 경상수지(파란선) 추이

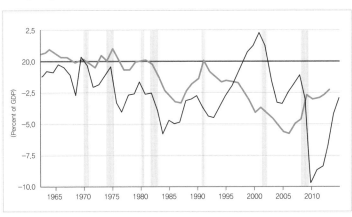

자료: 미국 세인트루이스 연준

앙은행 간 유동성 스왑(Central Bank Liquidity Swap) 금리 인하' 조치가 될 것이다. 세계 최대의 경상수지 적자를 기록하는 나라가 다른 나라에 돈을 꿔줄 뿐만 아니라, 징벌적인 가산금리를 100bp나 부과하다 50bp로 인하했음을 확인했기 때문이다. 즉 경상수지 적자가 발생하면 외환위기의 위험이 고조되는 대다수의 나라와 달리, 미국은 윤전기 버튼만 누르면 즉각 자금 부족 사태가 해소되는 셈이다.

이런 까닭에 미국은 다른 선진국보다 높은 성장률을 기록할 수 있다. 1980년 이후 2008년까지 미국이 연평균 2.9%의 성장률을 기록했는데, 이는 같은 기간 일본(2.3%), 영국(2.4%), 독일(1.9%) 등 주요 선진국 중에서 가장 높은 성장률이다. 이런 고성장은 기축통화의 지위를 이용해 지속적으로 높은 '투자율'을 유지할 수 있을 뿐만 아니라, 낮은 금리로 자금을 조달할 수 있었기에 가능했다고 볼 수 있다.

기축통화 국가의 이점은 이것뿐만이 아니다. 글로벌 금융의 흐름을 좌우할 수 있다. 예를 들어 미국이 정책금리를 인상하면 어떻게 될까? 안 그래도 미국에 투자하고 싶은 사람이 넘쳐흐르는데 금리마저 많이 준다면? 아마 수많은 나라의 자금이 미국으로 이동하게 될 것이며, 반대로 미국 이외의 나라에서는 자금 유출 문제를 해결하기 위해 금리 인상을 신중하게 고민하게 될 것이다. 반대로 미국이 정책금리를 인하하면, 역시 미국 이외의 나라에서는 정책금리의 인하를 고민하게 될 것이다.

기축통화를 가진 나라의 힘을 가장 잘 보여주는 사례가 바로 1985년의 '플라자 합의'다. 1985년 9월 22일 미국, 일본, 독일(당시에는 '서독') 등 이른바 서방 선진 5개국(G-5)은 플라자 합의에 서명하고 달러화 가치를 떨어뜨리는 데 합의했다. 이를 위해 일본과 독일은 금리를 높게 유지하는 반면, 미국은 저금리 정책을 유지해 일본과 독일의 돈 가치(=금리)가 더 높아지도록 유도했던 것이다.

플라자 합의는 미국과 일본/독일의 양 진영에 정반대의 결과를 낳았다. 미국은 달러화 약세를 계기로 경제가 회생한 반면, 일본과 독일은 고금리 정책과 통화 강세로 큰 불황을 겪었기 때문이다. 일본과 독일이 불합리한 요구(=환율 평가절상 및 금리 인상)를 수용했던 것은 미국 경제의 침체가 독일과 일본의 경제에도 장기적으로 부정적이라는 미국의 주장이 어느 정도 일리가 있었던 데다, 일본과 서독이라는 당시 세계 2위와 3위의 경제도 기축통화를 보유한 미국의 요구를 거부할 힘이 없었기 때문일 것이다.

[표 6] 미국 달러 가치(파란선)와 달러/엔 환율(검은선) 추이

자료: 미국 세인트루이스 연준

위안화의
기축통화 가능성은?

　　　　　　　이제 다음 순서로 중국의 위안화
가 기축통화의 위치를 점유할 수 있는지 살펴보자. 일반적으로
받아들여지는 기축통화의 조건은 경제력, 안정성, 교환성, 발
전된 금융시장의 네 가지를 들 수 있다.

　기축통화의 첫 번째 조건은 경제 규모가 일정 수준 이상, 즉
세계 경제를 주도할 수 있는 수준이 되어야 한다는 것이다. 이

런 조건을 만족시킬 수 있는 나라는 미국과 유럽 정도가 될 것이며, 장기적으로는 중국도 이런 조건을 만족시킬 가능성이 있다.[*]

그러나 기축통화의 두 번째 조건, 환율 및 인플레이션 변동의 위험이 덜해야 한다는 부분에서 일단 후보는 달러와 유로 등의 선진국 통화만 남는다.

기축통화의 세 번째 요건인 네트워크의 이점(=교환성)은 달러화와 유로화 두 통화 모두 가지고 있다고 볼 수 있다. 유로화를 사용하는 나라의 수가 25개로 늘어나면서 모든 국제 거래에서 폭넓게 사용될 수 있는 힘을 점차 가지고 있는 상황이기 때문이다.[**]

기축통화의 마지막 조건은 발전된 금융시장으로 선진화된

알고 가자! [*] 경제 규모 순위

세계은행(World Bank)의 통계에 따르면, 2014년 기준으로 미국이 17조 4천억 달러로 압도적인 1위를 달리고 있다. 다음은 중국으로 10조 4천억 달러, 3위는 일본 4조 9천억 달러, 4위는 독일 3조 9천억 달러다.

알고 가자! [**] 유로존

유로(Euro)는 16개국의 유럽연합 가입국과 유럽연합에 가입하지 않은 9개국에서 사용되며, 이들 국가를 통틀어 유로존(Euro Zone)이라고 한다.

금융시장을 갖추고, 금융의 국제화도 폭넓게 진전되어 있어야한다. 쉽게 이야기해 언제 어느 때라도 가격이 맞으면 외환 거래를 할 수 있는 수단이 제공되어야 한다.*

그렇다면 중국은 이상의 조건을 지금 만족하는가? 그리고향후 10년 안에라도 가능한가? 결론부터 이야기하자면, 중국위안화가 기축통화의 지위를 차지하는 것은 10년 안에는 불가능하다. 왜냐하면 중국의 경제 규모가 크다고 하지만 아직 미국의 2/3에도 미치지 못하며, 최근의 위안화 평가절하에서 확인되듯 통화 가치의 급격한 하락 위험을 내포하고 있기 때문이다. 나아가 금융시장의 발전이라는 측면에서는 아직 가야 할길이 참으로 멀다. 당장 2016년 벽두부터 서킷브레이크 시스템실행을 중단하는 것만 보더라도, 시장의 선진화 부분에서는 아직 신흥국 내에서도 낮은 수준에 불과하다.**

알고 가자! * 외환 거래

우리나라 외환시장은 아침 9시부터 오후 3시까지 열리는데, 이 이외의 시간에 원화를 거래하기 위해서는 역외선물환시장(NDF)이라는 일종의 장외시장을 통해서 거래해야 한다. 역외선물환 혹은 차익결제선물환(Non-Deliverable Forward, NDF)이란 정해진 만기에 계약 원금의 교환 없이 계약 시 미리 정한 계약 환율과만기 시의 환율 차이만큼 결제하는 것을 의미한다. NDF 거래는 싱가포르, 홍콩, 런던, 뉴욕에서 이루어지고 있다.

특히 2015년 8월 11일, 중국 인민은행이 대폭적인 위안화 평가절하를 단행하는 것에서 볼 수 있듯, '예측 가능성'이라는 측면에서도 결격 사유를 가지고 있다. 기축통화가 되려면, 그 힘에 걸맞은 의무를 다해야 하는데 중국은 아직 이를 자각하지 못한 것 같다. 왜냐하면 8월 11일의 위안화 평가절하 이후 글로벌 금융시장이 요동친 것처럼 글로벌 투자자는 위안화가 앞으로 평가절하되며, 신흥국 통화 가치의 연쇄적인 하락을 촉발시킬 것을 우려했기 때문이다.

2장에서 유럽 재정위기의 원인을 거론하면서 독일 중앙은행의 일관된 '반 인플레이션 정책'을 언급한 바 있는데, 이 이야기를 그대로 중국에 적용할 수 있다. 경화로, 그리고 기축통화로 위안화의 신분을 격상하고 싶다면 경기부양을 위해 위안화를 평가절하하라는 정치적 압력을 거부할 수 있는 단호한 태도가 필요할 것이다. 그런 면에서 중국의 인민은행은 독립적이지

알고 가자! ** 서킷브레이크

서킷브레이커는 회로 차단기에서 유래한 용어다. 전기회로에 과부하가 걸리거나 단락으로 인한 피해를 막기 위해 자동으로 회로를 정지시켰다가 어느 정도 시간이 지나면 다시 켜는, 원래의 기능이 동작하도록 복귀하는 장치다. 중국은 2016년 초에 7% 이상의 주가 하락이 나타나면 서킷브레이커를 가동해 주식의 거래를 정지하기로 결정했으나, 서킷브레이커가 자주 발동되자 이 규정을 삭제한 바 있다.

도 세련되지도 않았다. 충분히 위안화 평가절하의 가능성을 시사할 기회가 있었지만, 시기를 번번히 놓친데다 정치적 압력에 쉽게 굴복해 위안화 평가절하를 단행하고 말았기 때문이다.

물론 위안화 평가절하 자체는 나쁜 선택이 아니다. 수출 기업의 어려움을 타개할 수 있으며, 나아가 디플레이션 압력을 완화시킬 수도 있기 때문이다. 다만 적어도 10년 안에는 위안화가 기축통화의 위치를 획득하는 것을 포기하는 대가를 치러야 한다는 것만은 이야기할 수 있을 듯하다.

일본 엔화의 미래

위안화 못지않게 우리나라에 큰 영향을 미치는 게 바로 엔화의 가치다. 한국 경제의 산업 구조가 중화학공업 위주로 전환된 1980년대 중반 이후, 엔화의 가치는 한국 경제와 금융시장에 큰 영향을 미쳤다. 대표적인 예가 1980년대 후반의 이른바 3저(저금리, 달러 약세, 저유가) 현상으로 우리 경제와 주식시장이 '단군 이래 최대 호황'을 누렸던 것을 들 수 있다.

이런 연유로 주식 투자의 경험이 긴 투자자는 엔화의 가치 변화에 항상 주목했으며, 이런 관찰은 큰 보답을 받았던 게 사실이다. 그러나 최근 이런 관계가 약화된, 아니 아예 완전히 역전된 것으로 보인다. 외환위기 이후 엔화가 강세를 보일 때

(엔/100원 환율이 상승할 때), 주가가 상승하기는커녕 오히려 하락했던 것이다. 1980년대 아니 1990년대 중반까지 이어지던 '엔화 강세=주가 상승'의 공식이 깨진 이유는 어디에 있을까? 혹시 우리 경제의 구조가 달라진 데 따른 일은 아닌지, 나아가 일본에 무언가 다른 일이 생긴 것은 아닌지 자세히 살펴보자.

[표 7] 한국 주가(검은선, 우측)와 엔/원 환율(파란선, 좌측)의 관계

자료: 미국 세인트루이스 연준

영향력 약화의 첫 번째 이유
– 한국 기업의 경쟁력 강화

엔/원 환율의 영향력 감퇴 혹은 영향력의 방향이 달라지게 된 첫 번째 원인은 일본 경제가 장기불황 속에 정체된 반면, 한국 경제가 외환위기 이후 정보통신 및 기계산업의 눈부신 발전을 통해 경쟁력을 강화한 데서 찾을 수 있다.

한국과 일본 경제 모두 회복기로 접어든 2002년 이후의 상황을 살펴보면, 일본은 장기간의 경기침체 영향으로 수출 산업 구조 및 경쟁력에 큰 변화가 없었던 반면, 한국의 수출 산업 구조는 중화학, 정보통신 산업 중심으로 빠른 속도로 변화한 것을 알 수 있다.

한 가지 예로, 한일 양국 모두 전기전자, 자동차, 기계류가 상위 1~3위 품목을 구성하고 있는데, 수출 상위 10위 이내 품목 가운데 9개 품목이 중복되고 있는 상황이다. 물론 두 나라의 핵심 산업 중복 현상은 엔/원 환율의 영향력이 더 커지는 방향으로 영향을 미칠 수도 있었다.

그러나 수출 품목의 경합도 혹은 중복 수준이 높아지는 과정에서, 일부 핵심 산업을 중심으로 한국 기업의 경쟁력이 일본 수준을 넘어선 것에 주목할 필요가 있다. 세계 시장 점유율로 한일 간 경쟁 수준을 살펴보면, 한국의 세계 시장 점유율이 크게 상승한 것은 물론 한국 제조업 수출의 절반 가까이가 일본의 경쟁력을 위협하고 있는 상황이기 때문이다.[*] 특히 2003년 이후 일본의 경기회복 및 세계 시장 점유율 회복에도 불구하고 한국의 주력 수출 품목의 세계 시장 점유율은 상승 추세를 지속하여 한국 수출의 경쟁력 강화를 반영하고 있는 상황이다. 이렇듯 경쟁력이 강화되면, 엔화 가치가 일시적으로 하락했다고 해서 한국 기업이 큰 피해를 입는 일은 줄어든다.

물론 2008년처럼 세계 수요가 빠르게 위축되면 한국의 수출 업체도 고통을 피해갈 수 없지만 일본, 타이완 등의 경쟁 국가에 비하면 상대적으로 수출 감소폭이 적은 것을 발견할 수 있다. 특히 엔/100원 환율이 2007년 말 832까지 하락했음에도 당시 한국 수출의 경쟁력 우위가 유지되었던 것은 한국 기업의

알고 가자! 한일 시장점유율 비교

산업연구원(2007)이 발간한 "한·일 교역구조 변화와 제조업 수출경쟁력의 비교 및 시사점"을 보면 한국의 시장점유율이 크게 상승한 반면 일본의 시장점유율이 크게 하락한 대표적인 산업은 조선, 전자부품 등이며, 한국의 20대 수출 품목 중 절반 이상이 일본의 시장점유율을 잠식하는 등 빠른 속도로 일본 제품의 경쟁력을 잠식하거나 이미 넘어선 것으로 나타났다.

경쟁력 개선이 어느 정도 '추세'를 형성하고 있었다는 좋은 증거라고 판단된다.

두 번째 이유 –
엔 캐리 트레이드 붐

엔/원 환율이 상승할 때 우리 주식시장이 약세를 보이는 두 번째 이유는 엔 캐리 트레이드(Yen Carry Trade)의 확산과 소멸에 있다. '엔 캐리 트레이드'란 금리가 낮은 엔화를 차입하여 고금리 국가(오스트레일리아나 뉴질랜드 등 원자재 가격 상승의 혜택을 입는 강세 통화 국가)의 자산에 투자하는 행동을 지칭한다. 투자 대상에는 고금리 국가의 통화(예금)뿐만 아니라 차익 거래가 가능한 모든 수익 자산(증권, 상품 등)이 포함된다.

엔 캐리 트레이드의 규모에 대해서는 1천억 달러에서 많게는 1조 달러로 추산되는 등 집계 기관마다 차이가 크기 때문에, 정확한 규모를 추정하는 것은 사실상 불가능하지만 외환시장의 흐름을 좌우할 만한 수준까지 상승한 것은 분명하다.

문제는 이러한 엔 캐리 트레이드가 글로벌 금융시장의 환경에 매우 민감하다는 것이다. 지난 2008년 서브 프라임 위기처럼 금융기관의 차입 여건이 급속도로 악화되고, 또 차입해 투자했던 나라의 자산 가격이 폭락하는 경우 투자자는 투자 자산의 환차손 및 가격 하락으로 이중의 피해를 입기 때문이다. 물론 환 헤지를 했다면 자산 가격 하락의 충격만 입지만, 대부분의 경우 차입을 통해 투자했기에 차입금의 규모가 클수록 손실은 눈덩이처럼 불어나는 위험을 안게 된다.

이런 이유로 엔화는 세계 경제가 불황을 보일 때, 다시 말해 세계 금융시장이 불황을 의식하여 위험자산에 대한 투자를 기피할 때 강세를 보인다.(=달러/엔 환율 하락) 왜냐하면 오스트레일리아, 뉴질랜드, 캐나다 등의 고금리 통화나 고수익 자산에 투자했던 자금이 일거에 회수되어, 다시 일본으로 돌아갈 것이기 때문이다. 해외에 나갔던 자금이 회수될 때 일본 엔화의 가치는 상승할 수밖에 없고, 일본 경제는 이중고를 겪게 되는 것이다. 엔화의 강세로 수출 기업의 경쟁력이 약화될 뿐만 아니라, 글로벌 경제 여건 악화로 수출 수요도 줄어들 수밖에 없다. 결국 [표 8]에 나타난 것처럼 엔화는 미국 달러보다 더 '안전자산'으로서의 특징을 가진다.

[표 8] 미국 투기등급 채권 가산금리(검은선, 좌축)와 달러/엔 환율(파란선, 우축)

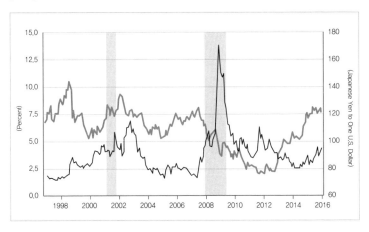

자료: 미국 세인트루이스 연준

안전자산으로서의 엔 –
일본 경제에 큰 부담

　　　　　　이런 일본 경제의 특징은 1990년
대 치명적인 타격을 입었다. 왜냐하면 1989년 버블 붕괴 이후
일본 중앙은행이 금리를 인하해서 경기를 부양하려 할 때 엔이
강세를 보였기 때문이다. 즉 경기가 나빠져 금리를 내리고 있는
데도 엔화의 강세가 촉발되어 일본 기업의 경쟁력이 약화된 것
은 물론 디플레이션 압력이 심화되었던 것이다.

[표 9] 일본 소비자물가 상승률(검은선, 우축)과 달러/엔 환율(파란선, 좌축)의 관계

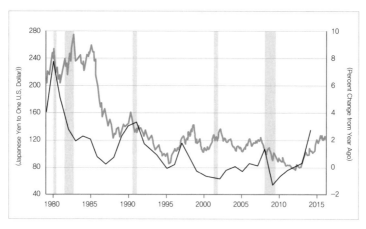

자료: 미국 세인트루이스 연준

물론 미 연준은 2002년에 발표한 흥미로운 보고서에서 다음과 같이 당시 일본 중앙은행의 실책을 날카롭게 지적한다.[16]

이런 사실은, 80년대 후반부터 90년대 초반 사이 일본 정책 당국이 저지른 가장 중요한 실수는 디플레 악순환을 예측하지 못했다는 게 아니라, 혹시 발생할지 모르는 디플레의 압력에 대비한 보험을 선제적으로 가입하지 못했다는 것에 있음을 시사한다.

미 연준이 가진 글로벌 경제 모형의 시뮬레이션에 따르면, 일본 중앙은행이 1991년부터 1995년 초 사이에 언제 어느 때라도 금리를 200bp만 낮췄더라면 디플레이션을 피할 수 있었다.

즉 버블이 붕괴되자마자 즉각적이고 대규모로 금리를 인하했다면 그렇게 장기간 불황을 겪지 않았을 것이라는 주장인 셈이다. 그러나 이 주장은 일본 중앙은행 입장에서는 매우 불편하고 정당하지 않다고 느껴졌을 수 있다. 왜냐하면 1990년대 초반, 걸프전을 전후한 글로벌 경제의 불황으로 인한 '안전자산 선호 현상'과 이에 따른 달러/엔 환율의 급락 사태만 없었더라도 일본 중앙은행의 금리인하 정책이 경기부양의 효과를 발휘할 수도 있었을 것이기 때문이다.

달러/엔 환율의 변화 방향은?

현재 시점에서 10년 후 달러/엔 환율의 방향을 점치는 것은 매우 어렵다. 경기 전망이 어려운 데다, 일본 엔화가 '안전자산'으로써의 지위를 그대로 유지할 수 있는지도 안개 속에 있기 때문이다. 따라서 아래의 전망은

나의 개인적인 시나리오일 뿐 너무 맹신하지는 말기 바란다.

결론부터 이야기하자면, 지난 2013년부터 시작된 일본 아베노믹스의 성공으로 달러/엔 환율이 추세적으로 상승할 가능성이 높다고 본다. 일본 중앙은행이 열정적으로 추진하는 '질적, 양적 완화(QQE)' 정책의 효과가 나타나면서 일본의 물가 상승률이 점차 높아지고 있다는 점에 무게를 두는 셈이다. 특히 미국의 금리가 상승하면서 당분간은 엔 캐리 트레이드가 확대될 가능성이 높다는 점도 점수를 줄 수 있다고 본다. 왜냐하면 엔 캐리 트레이드의 가장 기본은 일본 엔으로 돈을 빌려, 상대적으로 금리가 높은 미국 달러에 투자하는 것이기 때문이다. 따라서 엔캐리 트레이드가 본격화되기만 하면 일본 엔화의 약세가 지속되고, 나아가 인플레이션을 유발할 가능성이 더욱 높아진다.

그런데 문제는 시간이다. 2~3년 내에 다시 선진국 경기가 침체될 가능성이 높은데, 그때까지 일본 경제가 인플레이션 흐름을 안착시킬 수 있을까?

이에 대한 대답은 '예스'가 될 것 같다. 왜냐하면 일본 정부가 어느 정도 디플레이션에 대응할 처방을 찾았기 때문이다. 일본 정부가 찾은 처방전은 '전면적이고도 확고한 통화공급 확대 정책'이다. 디플레이션이 퇴치되기 전까지 지속적으로 돈을 풀어

버리는 것. 그리고 이 정책이 앞으로 무한히 계속될 것이라고 믿게 만드는 것. 이게 아베노믹스의 핵심인데, 적어도 2~3년 내에 일본 통화정책 당국이 이 정책을 폐기할 가능성은 낮다고 본다.

통화공급 정책이 디플레이션을 퇴치하고 경기침체를 막아낼 수 있는 이유는 어디에 있을까? 이 의문은 다음의 사례를 통해 해소할 수 있다.[17]

아래의 이야기는 조안과 리처드 스위니 부부가 1978년 "통화 이론과 그레이트 캐피톨 힐 베이비시팅 협동조합의 위기"라는 제목으로 발표한 논문을 요약한 것이다.

스위니 가족은 1970년대 미국 국회의사당(캐피톨 힐)에서 일하고 있었는데, 이때 150명의 비슷한 나이 대의 부부들이 베이비시팅 조합(육아조합)을 결성했었다. 이 육아조합은 다른 품앗이 조직과 마찬가지로 쿠폰을 발행했다. 쿠폰 한 장으로 한 시간 아이를 맡길 수 있었는데, 대신 아이를 돌보는 부부는 아이를 맡기는 부부로부터 시간만큼 쿠폰을 수령했다.

그런데 문제가 생겼다. 이런 시스템이 성공적으로 운영되기 위해서는 상당량의 쿠폰이 유통되어야 하는데, 부부들은 앞다퉈 쿠폰을 모으려고 할 뿐 쓰지 않았다. 결국 불황이 왔다. 모두 쿠폰을 모으기만 할 뿐 쓰지 않으려 드니 점점 육아조합의 활동은 쇠퇴해졌고, 결국 육아조합에서 탈퇴하려는 사람이 늘어나기 시작했다.

육아조합이 쇠퇴하고 활동 정지 상태에 들어간 이유는 간단하다. 부부들이 아이를 잘 못 보는 데 있는 게 아니라, '유효수요'가 부족했을 따름이다. 모으는 데에만 신경 쓰고 쓰지를 않았기에 전체 활동이 둔화된 것이다.

해결책은 무엇일까? 육아조합 관리위원회는 매우 단순한 답을 내놓았다. 쿠폰을 늘리는 것이었다. 어떻게 쿠폰을 늘리냐고? 간단하다. 몇 달 지나도록 쿠폰을 쓰지 않으면 쿠폰으로 아이를 맡기는 시간을 줄이는 것이다. 예를 들어 쿠폰 수령 후 두 달이 지나면 30분밖에 아기를 맡기지 못하는 식으로 조정한다.

즉 인플레이션을 일으켜 쿠폰의 저축을 막고 소비를 장려한 것이다. 이 정책은 엄청난 효과를 가져왔다. 쿠폰을 보유하는 게 오히려 가치를 떨어뜨린다는 것을 안 부부들이 서로 쿠폰을 사용하기 시작해 육아조합의 불경기는 일거에 해소되었다. (중략) 불황은 보통 대다수의 대중이 현금을 쌓아둘 때, 다시 말해 투자보다 저축을 할 때의 문제며, 이는 더 많은 쿠폰을 발행하는 것으로 해결할 수 있다. 현대 세계의 쿠폰 발행자가 바로 중앙은행이다.

경제학 지식이 없는 사람은 '불황'을 그간 누렸던 방종에 대한 도덕적 징벌처럼 생각하는 경향이 있다. 그러나 대부분의 불황은 소비자와 기업가가 어떤 이유로든 미래에 대해 불안감을 가지게 되어, 저축을 더 늘린 결과로 초래된다. 다시 말해 캐피톨 힐의 육아조합처럼 미래의 소비를 위해 현재의 소비를 줄인 결과, 경제가 잘 안 돌아가게 되는 것이다. 1989년 이후의 일본 경제 상황이 여기에 해당된다.

이런 상황에서는 인플레이션의 가능성을 높이는 정책을 취하는 것이 해답이 될 수 있다. 미래에 자신이 가진 육아 쿠폰의 가치가 떨어지는 것을 알아차린 캐피톨 힐의 육아조합 조합원처럼, 각 경제의 주체도 인플레이션으로 인해 자신이 모은 저축의 가치가 떨어질 것을 우려하면 문제가 술술 풀린다. 서둘러 소비를 늘리고, 기업이 투자를 단행하는 순간 경제는 다시 언제 그랬냐는 듯 돌아가는 것이다.

그럼 지금까지 일본 중앙은행은 왜 이런 정책을 시행하지 않앉을까?

답은 '트라우마'에 있다. 1930년대 일본 중앙은행이 통화증발 정책을 시행하면서 인플레이션을 유발하고, 나아가 군부의 군국주의적 행동을 억제하지 못했던 것에 대한 트라우마 때문에 그간 일본 중앙은행은 통화공급 확대정책을 적극적으로 시행하지 못했다. 그러나 2011년 동일본 대지진 이후, 일본 경제가 심각한 침체에 빠지면서 기존의 통화정책에 대한 반성이 제기되었고, 구로다 총재가 취임하면서 일본 중앙은행의 정책 기조가 일신되었던 것이다.

따라서 일본 중앙은행이 적극적인 행동에 나선 만큼 장기적인 달러/엔 환율은 상승할 가능성이 높다고 본다. 물론 정치적인 격변이 발생할 경우, 얼마든지 이런 정책 기조는 변화될 수 있다. 역사적 경험을 돌이켜 봐도 정치 지도자의 유고나 교체 등으로 인해, 정책 추진의 에너지가 고갈되는 것을 숱하게 목격할 수 있었기 때문이다. 이런 이유로 장기 전망에는 많은 단서가 붙을 수밖에 없고, 또 일본처럼 과거의 정책 기조와 결별해 새로운 방향으로 움직이기 시작했을 때는 항상 '현재의 기조가 이어지는 한'이라는 단서를 붙인 어정쩡한 전망이 나올 수밖에 없음을 이해해주기 바란다.

〈이것만은!〉 1997년 한국 외환위기 발생 원인

1997년 외환위기는 금융시장뿐만 아니라 한국 경제 전반에 지울 수 없는 상처를 남긴 바 있다.[*] 그렇다면 1997년 외환위기가 발생한 원인은 무엇 때문이었을까? 학자들마다 이견이 있겠지만, 외환위기 발생의 원인으로 1)무리한 경기부양 정책 2)통화 가치 부양 노력 3)세계 경기침체가 지목되는 듯하다.

외환위기의 첫 번째 원인 – 무리한 경기부양 정책

1997년 외환위기 발생의 첫 번째이자 가장 직접적인 원인은 경제의 성장 잠재력이 점점 약화되

알고 가자!

한국은행(2009)이 펴낸 "외환위기 전후 가계소비의 경기대칭성 변화 분석" 자료에 따르면, 외환위기 이전 가계소비는 경기 변동에 큰 영향을 받지 않는 모습을 보였다. 그러나 외환위기 이후 가계의 채무 부담이 크게 증가하고 가계 저축이 줄어드는 가운데 자산 가격의 변동성이 확대된 영향으로, 가계의 소비지출이 경기 변화에 따라 크게 변동하는 모습을 보이고 있다.

고 있었음에도 10%대의 성장을 지속하기 위해 무리한 경기부양 정책을 거듭한 것을 들 수 있다.

1960~80년대 한국이 연평균 7% 이상의 놀라운 성장세를 지속(1960년대 연평균 7.8%, 1970년대 8.7%, 1980년대 8.7%, 1990년대 6.2%) 할 수 있었던 원인은 어디에 있었을까? 여러 의견이 있을 수 있지만 경제의 장기적인 성장 동력에 관심을 가진 많은 학자의 분석에 따르면, 농촌지역에 존재하던 거의 무한정에 가까운 농촌의 유휴 인력이 도시지역으로 유입되며 경제 전반의 활력이 증가한 것이 가장 중요한 요인으로 손꼽힌다.

경제개발 5개년 계획이 시작되던 1963년에는 경제활동 인구 823만 명 중에서 502만 명(61%)이 농업에 종사하는 전형적인 농업국이었지만, 그 비중은 1980년 36%, 1990년 19%까지 떨어졌던 것이다. 농촌지역에서 도시지역으로 인구 이동이 본격화됨에 따라 한국 경제는 두 가지의 이점을 얻었다. 무엇보다 풍부한 노동력 공급에 힘입어 임금 상승이 억제될 수 있었던 데다, 생산성이 (상대적으로) 낮은 농촌지역에서 생산성이 높은 도시지역으로 대규모의 인력이 이동한 데 따른 국가 경제 전체의 생산성 향상 효과를 누릴 수 있었던 것이다.(농촌 노동력 이동이 경제의 성장 잠재력을 얼마나 높였는지에 대해서는 산업연구원(2009)에서 발간한 "한국경제의 성장둔화와 경제성숙화 요인"을 참조하기 바란다.)

이런 면에서 본다면 한국의 1980년대 후반은 중요한 전환점이었다. 왜냐하면 80년대 후반 이후, 한국의 기업은 '저렴하면서도 풍부한' 노동자를 발견하기 어려워졌다. 전체 경제활동 인구에서 농가가 차지하는 비중은 1990년 19%까지 떨어진 이후, 그 하락 속도가 점점 둔화되기 시작했던 것이다.(1995년 13% → 2000년 11%) 물론 농촌지역 인구의 도시 유입이 줄어든 대신, 1956~1964년 사이에 태어난 '베이비 붐 1세대'가 사회에 진출하며 90년대 경제활동 인구 증가율(연평균 1.8%)이 1980년대(연평균 2.5%)에 비해 크게 줄어든 것은 아니었다. 그러나 한국의 베이비 붐 1세대는 대부분 고등교육을 받은 데다, 어려서부터 가난을 겪지 않았기에 식민지 시대에 태어난 아버지 세대와 달리 저임금 일자리에 관심을 보이지 않았다. 더욱이 이들은 1980년대 후반의 노사 갈등이 크게 부각될 때 노동시장에 진입하여, 임금 상승의 수혜를 한껏 누린 운 좋은 세대라고 할 수 있다. 이런 이유로 한국 경제는 1990년대 초반, 노동력 공급의 감소 및 임금 상승 속에 경제성장이 정체에 부딪히게 되었다.

한국 경제는 당시 어떻게 대응해야 했는가? 물론 15년 이상

〈표 1〉 기간별 노동력 공급 변화

(%,%p)	71~90 (A)	91~97 (B)	71~97 (C)	01~06 (D)	2000년대 vs. 71~90 (A-D)	2000년대 vs. 71~97 (C-D)	2000년대 vs. 1990년대 (B-D)	1990년대 vs. 71~90 (A-B)
생산연령 인구	2.67	1.42	2.34	0.49	2.17	1.85	0.93	1.24
취업자수	3.21	2.23	2.95	1.51	1.69	1.44	0.72	0.98
노동시간	-0.34	-0.44	-0.37	-1.14	0.80	0.77	0.70	0.10
노동투입	2.86	1.78	2.58	0.36	2.50	2.22	1.43	1.07

자료: 산업연구원(2009), "한국 경제의 성장 둔화와 경제 성숙화 요인"
주: 표의 숫자는 연평균 변화율이며, '2000년대 vs. 71~90' 항목의 숫자는 2000년대의 평균 변화율과 71~90년 평균 변화율의 차이를 의미한다. 예를 들어 '2.17'은 71~90년대의 평균 생산 연령 인구 변화율이 2000년대보다 2.17%p 높은 것으로 해석될 수 있다.

세월이 흐른 지금은 그 답을 알고 있다. 바로 지금까지의 양적인 성장 전략에서 벗어나 질적인 성장을 지향해야 했던 것이다. 질적 성장이란 노동 시간 및 자본 투입의 절대량이 동일하더라도 더 많은 물건을 생산할 수 있는 새로운 기술 및 협업의 능력을 기르는 것을 의미한다.(경제의 질적 성장 수준을 측정하는 용어다.)

그러나 당시 우리 정부의 선택은 양적 성장 전략을 더욱 강화시키는 것이었다. 1992년 1월, 한국 정부는 외국인 투자자가 한국 주식을 정해진 범위에서 매수하는 것을 허용했다.[*] 또한 1993년 3월 22일 '신경제 100일 정책'을 발표해, 재할인금리를 인하하고 산업은행 등의 국책은행을 동원해 설비투자 자금을

알고 가자! 한국주식 개방

주식시장의 개방은 1992년 1월 갑자기 단행된 것이 아니었다. 1981년 투신사에게 "외국인전용수익증권"의 발매를 허용한데 이어, Korea Fund(자본금 3.8억 달러)와 같은 외국인 투자의 간접펀드를 해외에 설정하는 등 1980년대 내내 외국인 투자자의 한국 주식 매수의 기회가 점진적으로 확대되었던 것이다. 이런 사전 준비 과정을 거쳐 1992년 1월 외국인 투자자의 한국 주식에 대한 직접 매수가 허용되었다. 이때 외국인 투자자는 일반 상장사의 지분 10%, 공기업에 대해서는 8%까지 매수할 수 있었다.

대거 공급하기로 결정했다.[*]

　1990년대 초반에 취해진 일련의 정책들은 주식시장 및 경제 회복에 큰 도움이 된 것은 사실이다. 그러나 외국인 투자자의 주식 매수 자금이 유입되며 달러/원 환율이 하락했을 뿐만 아니라, 기업의 설비투자가 지나치게 공격적으로 단행되어 경상수지 및 물가를 불안하게 만들었다. 이는 외환위기의 직접적인 원인으로 작용했다.

외환위기의 두 번째 원인 –
원화 가치와 경제 기초체력의 괴리 현상

　　　　　　　　　경기 과열 속에 경상수지와 물가

알고 가자! 재할인금리란?

　재할인금리(Discount Rate)는 중앙은행이 은행 등 금융기관에 대출해주는 금리를 의미한다. 재할인금리를 인상하면, 은행들이 중앙은행에서 돈을 빌려갈 때 더 많은 이자를 내야 하므로 자연스럽게 은행 대출금의 이자율도 인상하는 결과를 가져온다.

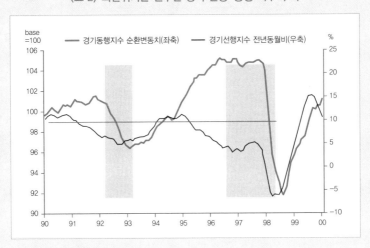

〈표 2〉 외환위기를 전후한 경기 선행·동행 지수 추이

자료: 국가통계포털(KOSIS)
주: 음영으로 표시된 부분은 경기 수축 국면

가 불안한 모습을 보일 때 정부는 어떻게 대응해야 할까? 아마 대부분의 경제학자는 정책금리를 인상하고 재정지출을 억제할 것을 권고할 것이다. 왜냐하면 정책금리의 인상을 통해 기업의 설비투자를 억제하고, 재정지출을 축소해 경기가 더 과열되는 것을 억제할 수 있기 때문이다.

그러나 당시 우리 정부는 정반대의 정책을 펼쳤다. 계속적으로 확장적인 경기부양 정책을 펼치는 한편, 주식시장의 외국인 투자 한도를 확대해 달러/원 환율의 하락을 유도했던 것이다.[*](1993년 말 달러/원 환율 808.10원 → 1995년 말 770.2원) 물론 환율 하락 덕분에 1994년 6.3%까지 상승했던 소비자물가는 1995년과 1996년 각각 4.5%와 4.9% 수준에서 안정될 수 있었지만, 대신 경상수지가 악화되기 시작했다.

특히 1994년 초 중국이 위안화 평가절하를 단행하고, 일본 엔화 가치마저 1995년을 고비로 하락한 것은 우리 기업의 가격 경쟁력을 더욱 악화시킨 결정적인 요인이었다. 4장에서 자세

알고 가자! * 외국인 투자 한도 확대

외국인의 투자 한도 확대는 점진적이고 꾸준히 진행되었다. 1992년 1월, 10% 한도에서 주식 매수가 허용된 데 이어 1994년 12월에는 12%, 1995년 7월에는 15%까지 한도가 확대되었다. 특히 1996년부터는 한도 확대의 속도가 더욱 빨라졌는데 1996년 4월에는 18%, 10월에는 20%, 1997년 5월과 11월에는 각각 23%와 26%로 확대되었다. 외환위기 직후인 1997년 12월에는 한도가 55%(1인당 한도 50%)까지 대폭 확대되었으며, 1998년 5월에는 공공법인에 대한 투자를 제외하고는 한도 규제를 완전히 폐지했다.

히 다뤘지만, 일본과 치열한 경쟁을 벌이고 있던 우리 기업의 입장에서 엔화의 약세는 곧 우리나라 수출 제품의 가격 인하를 의미하는 것이기 때문이다.

'신경제 100일 정책' 이후 대규모 설비투자를 단행한 기간산업의 생산성이 마음처럼 쉽게 개선되지 않은 데다, 세계 시장에서의 경쟁마저 치열해지니 기업의 채산성은 악화 일로를 걸었다. 더욱이 미국 연준의 정책금리 인하 후 1996년 봄부터 반도체 등 주력 수출 제품 가격이 연쇄적으로 폭락한 것은 사실상 결정타가 되었다. 1993년 이후 대대적인 설비투자 과정에서 기업의 부채 비율이 크게 상승한 상황에서, 제품 가격마저 폭락하니 1996년 가을부터 연쇄적인 기업 도산 사태가 발생하기 시작했다.**

알고 가자! ** 한국 기업의 부채 비율

한국 기업의 부채 비율(=부채/자본×100)은 1993년 312.9%에서 1997년 424.6%로 치솟았다.(전 산업 기준) 특히 설비투자를 주도한 제조업의 부채 비율은 1993년 294.9%에서 1997년 396.3%로 상승했다.

지금 돌이켜 보면, 이때라도 우리 정부는 달러/원 환율을 조정해야 했다. 물론 한국에 투자된 외국인 투자자 중 일부가 환율 상승을 계기로 우리 주식시장을 이탈하는 것은 피할 수 없었겠지만, 적어도 1997년과 같은 외환위기는 충분히 피할 수 있었을 것이다. 그러나 1996년 당시 우리 정부는 경상수지의 적자를 메우기 위해 4월과 10월 2차례의 외국인 주식투자 한도 조정을 단행했을 뿐, 경제의 불균형을 바로 잡기 위한 과단성 있는 조치를 끝내 취하지 못했다.

외환위기의 세 번째 원인 –
글로벌 경기 악화

1997년 외환위기가 발생한 마지막 세 번째 이유는 글로벌 경기 둔화를 들 수 있다. 한국 정부가 경기 과열을 유발해 경상수지 적자가 누적되었더라도, 원화 가치의 고평가 현상이 지속되었더라도 사실 글로벌 경제 여건만 계속 확장되고 있었다면 1997년 외환위기가 발생하지 않을 수도 있었다.

왜냐하면 1997년 5월의 외국인 주식투자 한도 확대 당시, 외국인 투자자는 13.7억 달러의 대규모 주식 순매수를 기록하는 등 아직 한국 경제에 대한 신뢰가 높았기 때문이다. 특히 1997년 7월 타이의 외환위기가 발생한 직후에도 외국인 투자자는 2개월 연속 주식 순매수를 기록하는 등 타이의 위기가 한국으로 전염될 것이라는 예상을 하지 못한 상황이었다.

그러나 7월의 타이 외환위기 이후 아시아 역내 교역량이 급격히 줄어들며 한국의 수출 증가율이 빠르게 둔화되고, 일본의 경기선행지수가 1997년 봄부터 전년 같은 기간 대비 마이너스를 기록하는 등 아시아 경제 전체가 동반 부진의 늪에 빠져들면서 외환위기의 가능성이 시시각각 높아지기 시작했다. 특히 미국이 1994년 멕시코 외환위기 때와 달리, 동아시아의 외환위기에 대해 적극적으로 대응하지 않는 것도 투자자의 불안감을 더욱 증폭시키는 결과를 가져왔다.

이상의 설명에서 확인되듯, 1997년의 외환위기는 우리나라의 잘못과 해외 경제의 악화가 얽혀 만들어진 비극이라 할 수 있다. 따라서 앞으로도 한국이 외환위기를 겪지 않으려면, 이상과 같은 외환위기 발생의 원인을 미리 제거해야 할 것이다.

자산배분이란 별 게 아니다. "모든 이로 하여금 자신의 돈을 세 부분으로 나누게 하되, 1/3은 토지에, 1/3은 사업에 투자하고, 나머지 1/3은 예비로 남겨두게 하라"는 탈무드의 충고가 가장 전형적인 자산배분의 사례다. 장기적으로 어떤 자산에 투자할 것인지를 결정하는 것이 자산배분이라는 이야기다. 자산배분을 거론하는 이유는 그 중요성 때문이다. 수많은 연구자가 대형 연기금의 자산운용 결과를 대상으로 조사한 바에 따르면, 종목 선정이나 매매 방법 등이 전체 수익률에 미치는 영향은 7%에 불과하며 전체 자산 수익의 91%를 결정지은 것은 자산배분이었다.

—홍춘욱, 〈돈 좀 굴려봅시다(2012)〉—

6장

안전하게 수익을
극대화하는 투자법

위기에 빠질 것인가,
기회를 잡을 것인가?

지금까지 환율 결정 요인과 다른 자산과의 연관을 살펴보면서, 일반적인 상식이 현실에서는 거의 통용되지 않는다는 것을 알 수 있었다. 예를 들어 환율이 상승할 때 주식시장, 특히 기업 실적이 악화되는 것을 이 책을 통해 처음 접한 독자도 많았을 것이다. 채찍 효과 때문에 선진국 경기의 사소한 변동조차 한국 경제는 큰 영향을 받는다는 것, 그리고 통화 중에는 안전자산과 위험자산이 있어서 경기가 나빠진다고 느낄 때는 한국 원화와 같은 위험자산을 제일 먼저 매도한다는 것 등은 직관적으로 와닿지는 않지만 매우 중요한 정보라 생각된다.

그럼 이런 정보를 이용해 어떻게 투자를 해야 할까? 특히 일

일이 달러 가치의 변화와 경상수지의 변동을 체크하기 힘든 일 반인이라면은? 이 장에서는 시간 내기 어려운 일반인을 위한 투자 전략, 즉 자산배분 전략에 대해 이야기한다.

자산배분의
기본 원칙을 알아보자!

자산배분이란 장기적으로 어떤 자산에 투자할 것인지를 결정하는 것이다. 개별 종목을 연구하고, 특히 중요한 거시경제 데이터를 분석할 시간이 없는 일반 투자자에게 자산배분은 무엇과도 바꿀 수 없는 중요성을 가진다.

어떤 자산에 투자해야 할까? 미국의 달러와 한국의 주식처럼, 서로 움직이는 방향이 반대인 자산에 투자하는 것이 자산배분의 가장 중요한 원칙이다.

이제 분산투자의 효과를 알아보기 위해, [표 1]에 표시된 자산 A와 B의 투자 수익률과 변동성(=표준편차)이 완전히 동일하다고 가정하자. 여기서 변동성이란, 수익률이 평균 수준에서 얼마나 흩어져 있는지 측정한 것이다.

예를 들어 평균 15%의 수익을 기록하는 자산이 있는데,

이 자산의 연간 수익률이 한 해는 플러스 40%, 다음 해는 마이너스 30%를 기록한다면 이 자산의 변동성이 크다고 봐야 할 것이다. 이처럼 어떤 자산 수익률의 변동성이 클 경우에는 미래 수익에 대한 예측이 어렵다. 변동성을 측정하는 가장 대표적인 방법은 표준편차이다.(확률변수 X의 표준편차 σ는 $\sigma = \sqrt{E((X - E(X))^2)} = \sqrt{E(X^2) - (E(X))^2}$로 정의된다.)

[표 1]을 보면 A 자산의 가격이 상승하면 B 자산의 가격도 상승하며, 반대로 A 자산의 가격이 하락하면 B 자산의 가격도 하락하는 것을 알 수 있다. 통계학에서 이런 관계를 '완전한 정(+)의 상관관계'라고 한다. 여기서 상관관계(Correlation)란 두 자산의 변화 방향이 동일한지 측정한 것이다. 예를 들면 키가 큰 사람은 작은 사람에 비해 일반적으로 몸무게가 많이 나간다. 이와 같이 한쪽이 증가하면, 다른 쪽도 증가하는 관계를 정(+)의 상관관계라고 한다. 반대로 달러/원 환율과 한국 주식시장의 관계처럼, 한쪽이 증가하면 다른 쪽은 감소하는 관계를 음(-)의 상관관계라고 한다.

다시 표로 돌아가서 만일 우리가 돈의 절반을 A에, 나머지 절반을 B에 투자한다면 [표 1]의 점선으로 표시된 포트폴리오 수익을 얻게 될 것이다. 이 포트폴리오의 수익률은 두 자산 수익률의 평균이 될 것이다.

[표 1] 완전한 정(+)의 상관관계를 가지는 자산으로 이뤄진 포트폴리오

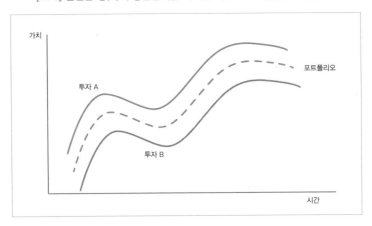

자료: 로저 C. 깁슨, 〈재무상담사를 위한 자산배분 전략(2005)〉, 160p.
해설: 세로축은 자산 및 포트폴리오의 가치를 표시하며, 가로축은 시간의 흐름을 보여준다.

　반대로 [표 2]를 보자. 자산 C와 D의 특성은 완전히 동일하다. 즉 수익률도 같고, 수익률의 변동성(=표준편차)도 동일하다. 그런데 [표 1]과 달리 C와 D의 움직임이 정반대라는 게 유일한 차이점이다. 즉 C와 D의 변화 방향이 정확하게 반대 방향으로 움직이기에, C 자산에 대한 투자에서 이익을 얻을 때 D 자산에 대한 투자에서는 손실을 기록한다.

만일 돈의 절반을 C에, 나머지 절반을 D에 투자한다면 이 포트폴리오의 수익은 표의 점선처럼 놀라운 결과를 얻게 된다. 포트폴리오의 수익률은 자산 C와 D의 가중평균이지만, 변동성은 완전히 제거된다. 즉 미래 수익에 대한 불확실성이 사라져, 안정적인 자산 관리가 가능하게 되는 것이다. 이제 보다 자세히 어떤 자산에 분산 투자해야 하는지 살펴보자.

[표 2] 완전한 음(−)의 상관관계를 가지는 자산으로 이뤄진 포트폴리오

자료: 로저 C. 깁슨, 〈재무상담사를 위한 자산배분 전략(2005)〉, 160p.
해설: 세로축은 자산 및 포트폴리오의 가치를 표시하며, 가로축은 시간의 흐름을 보여준다.

음(−)의 상관관계를 가진
자산은 어떤 게 있나?

이제 한국의 투자자가 투자할 수 있는 자산 중에서 '음(−)'의 상관관계를 가진 자산에 어떤 것이 있는지 살펴보자. [표 3]은 2000년부터 2013년 사이 국내 주요 자산 간의 상관계수를 보여준다. 여기서 상관계수란 두 변수가 어떤 상관관계를 가지고 있는지 보여주는 것으로 1이 되면 완전한 정(+)의 상관관계를, −1은 완전한 음(−)의 상관관계를 의미한다. 물론 금융시장에 완벽하게 '1' 혹은 '−1'의 상관계수를 기록하는 자산은 거의 없다. 대체로 '−0.3'만 넘어도 매력적인 분산투자의 대상으로 부각된다.

한국 가계가 가장 많이 보유한 자산인 부동산과 다른 자산의 상관계수를 조사해보자. 먼저 서울 아파트 투자의 수익률과 소비자물가 상승률의 상관계수는 0.04를 기록했는데, 부동산 투자가 물가 상승의 위험을 아주 약간이나마 완화해준다는 것을 의미한다. 주식과 부동산의 상관계수는 0.00으로, 역시 별 다른 분산투자의 효과를 발견할 수 없었다. 한마디로 말해 한국 내의 자산만 살펴봐서는 분산투자의 효과를 기대하기 힘들다는 이야기다.

[표 3] 국내 주요 자산 간 상관계수(2001~2013년 기준)

	소비자물가 상승률	회사채 수익률	서울아파트 가격상승률	강남아파트 가격상승률	KOSPI 상승률
소비자물가 상승률	1.00				
회사채 수익률	0.62	1.00			
서울아파트 가격상승률	0.04	0.58	1.00		
강남아파트 가격상승률	−0.02	0.49	0.99	1.00	
KOSPI 상승률	−0.25	−0.06	0.00	0.10	1.00

자료: 한국은행 경제통계정보 시스템(ECOS), 블룸버그

해설: 상관계수는 두 변수가 어떤 상관관계를 가지고 있는지 조사한 것으로, 1이 되면 완전한 정(+)의 상관
관계를, −1은 완전한 음(−)의 상관관계를 의미한다.

그럼 어떻게 해야 할까?

답은 바로 해외 자산이다. [표 4]는 국내 자산과 해외 자산 간의 상관계수를 보여준다. 먼저 서울 아파트와 마이너스의 상관계수를 보이는 자산은 달러/원 환율(−0.02)과 미국 주가(−0.39)인 것으로 나타났다. 한마디로 말해 한국에 부동산을 가지고 있는 사람은 미국 주식을 매입하는 게 가장 안정적인 자산배분을 가지게 된다는 이야기다. 혹시 한국 주식을 주로 보유한 투

자자라면 어떤 자산과 궁합이 맞을까? 역시 달러/원 환율(-0.15)이 부각되고, 다음으로 미국 국채(-0.06)가 매력적인 짝이라는 것을 알 수 있다.

이런 면에서 한국의 투자자는 타고난 '행운아'라고도 볼 수 있다. 채찍의 끝에 위치한 덕분에 늘 격심한 경기 변동에 시달

[표 4] 주요 자산 간 상관계수(2001~2013년 기준)

	물가 상승률	회사채 수익률	서울지역 아파트	강남 아파트	KOSPI	달러/원	원화 환산 미국 국채지수	원화 환산 미국 주가지수
물가상승률	1.00							
회사채 수익률	0.62	1.00						
서울지역 아파트	0.04	0.58	1.00					
강남 아파트	-0.02	0.49	0.99	1.00				
KOSPI	-0.25	-0.06	0.00	0.10	1.00			
달러/원	0.44	0.60	-0.02	-0.11	-0.15	1.00		
원화 환산 미국 국채지수	0.52	0.68	0.05	-0.03	-0.06	0.98	1.00	
원화 환산 미국 주가지수	-0.48	-0.46	-0.39	-0.30	0.53	0.05	0.00	1.00

자료: 한국은행 경제통계정보 시스템(ECOS), 블룸버그
해설: 상관계수는 두 변수가 어떤 상관관계를 가지고 있는지 조사한 것으로, 1이 되면 완전한 정(+)의 상관관계를, -1은 완전한 음(-)의 상관관계를 의미한다.

리지만, 대신 자산배분과 자산의 증식 측면에서는 큰 이점을 지니는 것이다. 그냥 미국 달러 자산을 자신의 '위험 성향'에 맞춰 적당히 편입하고 불황을 기다리기만 하면 된다. 2008년 같은 불황이 닥칠 때는 원화 가치가 폭락하는 대신 달러의 가치가 상승하기에, 이때 달러화로 투자해놓은 자산을 원화로 환전하여 저평가된 한국의 자산을 편입하면 손쉽게 큰 성과를 올릴 수 있다. 1998년 해외교포들이 '이전소득수지' 형태로 무려 28.2억 달러의 자금을 한국에 투자했던 것을 잊어서는 안 될 것이다. 우리라고 1998년 미국 교포처럼 투자하면 안 되는가?

이제 보다 자세히 이 부분을 살펴보자.

국내 주식 투자자:
미국 국채를 일부라도 편입하라!

지금까지의 논의를 통해 한국 사람은 미국 자산에 투자해야 한다는 결론을 얻을 수 있었다. 그럼 미국 자산에 얼마나 투자하는 게 적합할까?

한국 주식에 대한 투자 비중이 높은 투자자라면 미국 국채에 대한 투자가 답인데, 미국 국채의 비중을 얼마로 가져가야 하는지 고민이 많을 것이다. 이에 대한 답이 바로 '위험 성향'이다. 한마디로 말해 자기가 얼마나 위험을 무릅쓸 수 있는지를 고려해보는 것이다. 20~30대의 젊은 층이라면 지속적으로 소득을 올릴 시간이 남아 있으니, 다소 위험을 무릅쓰더라도 수익률이 높은 자산 구성이 유망할 것이다. 물론 50~60대의 장년층은 근로소득을 올릴 시간이 상대적으로 짧으니, 위험을 무릅쓰기보다 수익률의 안정성에 무게를 두는 게 바람직하다.

[표 5]는 한국 주식과 미국 국채의 투자 비중별 성과를 보여준다. 제일 위는 한국 주식 100%의 누적 수익을 보여주는데, 298.6%의 높은 성과를 기록한 것으로 나타난다. 다음은 한국 주식 70% 그리고 미국 채권에 30%를 투자한 경우로, 누적 수익은 241.5%를 기록했다. 그 다음은 한국 주식 50%와 미국 국채 50%를 투자한 경우로 누적 수익은 203.5%였으며, 한국 주식 30%와 미국 국채 70%를 투자한 경우 누적 수익은 165.4%, 마지막으로 미국 국채에 100% 투자한 경우에는 가장 수익률이 낮았다.

그럼 한국 주식 100% 투자하는 게 답일까?

꼭 그렇지만은 않다. 왜냐하면 한국 주식 100% 자산배분 전략의 변동성은 무려 26.7%에 달해, 다른 자산배분 전략에 비해 많게는 3배 가까이 변동성이 컸기 때문이다. 간단하게 말해 한국 주식 100%의 자산배분은 최악의 해인 2008년에는 −40.7%의 부진한 성과를 기록했다. 반대로 미국 국채 100% 자산배분은 2008년에도 +26.6%의 수익률을 기록하는 등 수익률이 안정적이었다.

[표 5] 한국 주식 + 미국 채권 자산배분의 성과

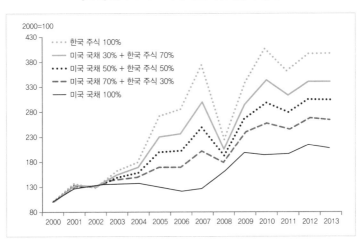

따라서 어떤 자산에 100% 투자하기보다 두 자산을 적절히 배합하는 전략이 유망하다. 예를 들어 위험 기피 성향이 큰 장년층은 네 번째 자산배분 전략(한국 주식 30% + 미국 국채 70%)이 유

망할 것이며, 위험 기피 성향이 상대적으로 낮은 청년층은 두 번째 자산배분 전략(한국 주식 70% + 미국 국채 30%)이 유망하다.

국내 부동산 투자자라면
미국 주식에 관심을 가지자!

다음으로 국내 부동산에 대한 투자 비중이 높은 사람은 어디에 분산 투자하는 게 좋을까? 그 답은 바로 미국 주식투자가 될 수 있을 것이다. 한국 부동산과의 변동 범위가 다를 뿐만 아니라, 2000년대 중반까지의 부진을 딛고 최근 투자 수익률도 개선되고 있으니까 말이다.

[표 6]은 한국 아파트와 미국 주식의 투자 비중별 성과를 나타낸 것이다. 제일 위는 한국 아파트 100% 자산배분의 누적 수익을 보여주는데 130.7%의 성과를 기록한 것으로 나타난다. 다음은 한국 아파트 70% 그리고 미국 주식에 30%를 투자한 경우로 누적 수익은 102.5%를 기록했다. 그 다음은 한국 아파트 50%와 미국 주식 50% 자산배분으로 누적 수익은 83.8%였으며, 한국 아파트 30%와 미국 주식 70%를 투자한 경우 누적 수익은 65.0%, 마지막으로 미국 주식에 100% 투자한 경우에

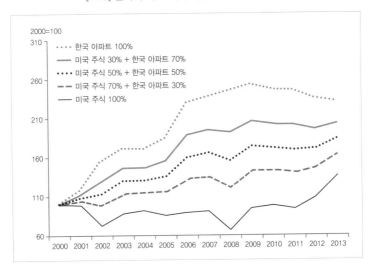

[표 6] 한국 주식 + 미국 채권 자산배분의 성과

는 가장 수익률이 낮아 36.9%에 불과했다.

한국 아파트에 100% 투자하는 게 답일까? 꼭 그렇지만은 않다. 왜냐하면 한국 아파트 100% 자산배분 전략의 변동성은 무려 13.2%에 달해, 다른 자산배분 전략에 비해 많게는 3배 가까이 변동성이 컸기 때문이다. 간단하게 말해 한국 아파트 100% 투자는 최악의 해인 2012년에는 -4.5%의 부진한 성과를 기록했다. 반대로 미국 주식에 50%를 분산 투자했다면 2012년에도 1.0%의 투자 수익률을 기록할 수 있었을 것이다.

　　　　　채찍의 끝에 위치한 한국의 특성
상 한국의 자산은 매우 가격 변동성이 크다. 그 결과, 부동산이
나 주식 등 한국 사람이 투자의 대상으로 삼을 수 있는 자산은
모두 가격이 급박하게 움직이는 특성을 지닌다. 문제는 이런 높
은 변동성이 투자 성과에 매우 부정적 영향을 미친다는 것이다.

첫 번째 부정적 영향은 실제 수익률의 하락으로 이어진다는
점이다. 어떤 자산에 1억 원을 투자했는데 한 해는 50% 빠지
고, 다음 해 100% 올랐다고 생각해보자. 그럼 이 자산의 현재
가치는? 1억 원 그대로이다. 단순 평균한 수익률은 25%일지
모르지만, 투자자의 체감수익률은 0%가 된다. 따라서 수익률
의 방향이 일관되지 못하고 위아래로 춤추는 나라에서는 대체
로 투자 성과가 떨어지게 된다.

두 번째 부정적 영향은 장기투자를 어렵게 만든다는 것이다.
한국 주식에 2001년부터 2013년까지 13년간 묻어두었다면, 이
투자자는 298.6%라는 꽤 높은 수익을 거두었을 것이다.

그런데 이게 실제로 가능했을까? 2001년 9월 11일의 동시다
발 테러, 2003년 초에 발생한 SK 글로벌 회계 분식 사건, 2004

년 봄에 발생한 차이나 쇼크 등 수많은 사건사고 속에서 아마 여러 번 사고 파는 매매를 했을 가능성이 높다. 문제는 이런 매매를 통해 돈을 벌기가 참으로 어렵다는 것이다. 왜냐하면 주식시장의 '바닥'은 마지막 장기투자자마저 도망갈까 고민할 정도로 공포스러운 순간에 찾아오며, 반대로 주식시장의 '고점'은 어떤 비관적 투자자조차 주식에 매력을 느끼는 순간에 도래하기 때문이다. 즉 가장 행복감을 느끼고 안전하다고 느낄 때가 주식시장의 고점이라는 이야기다.

결국 금융시장은 우리 투자자에게 끊임없이 고통을 요구하며, 이 과정에서 많은 사람이 장기투자를 포기한 채 단타매매의 길을 가게 된다는 이야기다. 문제는 매매의 빈도 증가가 대부분의 경우에는 수수료 및 세금의 증가로 이어져, 실제 비용을 차감한 순수익은 오히려 감소하는 데 있다.[18]

자산배분은 이 두 가지의 문제를 한꺼번에 해결해준다. 한국 부동산과 미국 주식에 반반 투자한 경우, 2008년에조차 −5.2%의 손실로 한 해를 마감할 수 있었다. 특히 한국 부동산 시장이 매우 힘들었던 2012년에는 미국 주식이 15.4%의 성과를 기록해, 전체 포트폴리오의 수익률을 플러스(+1.0%)로 돌려놓을 수 있었다.

게다가 이런 식으로 수익률이 평탄하게 움직이면 장기투자를 할 수 있게 된다. 당장 투자에서 손실이 좀 발생한다고 해도 길게 보고 꾹 참으면 결국 플러스의 성과를 낼 수 있다는 확신을 가질 수 있기에 매매 수수료도 절감하고 세금도 덜 내게 되는 것이다.

물론 아주 지루한 투자 방법이다. 그러나 시장의 등락에 일희일비할 필요가 없다는 점에서는 맘 편한 투자법이라고 할 수 있을 듯하다. 5장에서 잠깐 인용한 고슴도치처럼 자기 확신과 주장이 강한 사람의 예측력이 현격히 떨어졌던 것을 기억할 필요가 있다.

혹시 우리는 고슴도치처럼 행동하지 않았던가? 투자의 성과가 날 때는 의기양양하다가, 예측이 실패해 손실을 입었던 경험은 애써 잊어버리려는 태도를 취하는 '비이성적 태도'를 취하지 않았느냐고 반문해보자는 것이다.

이 대목에서 고백하자면, 나는 20년이 넘는 이코노미스트 생활을 하면서 결코 뛰어난 예측가가 아니었다. 2008년 글로벌 금융시장이 무너질 때 단 한 번 그럭저럭 시장의 방향을 예측했을 뿐 다른 시기에서는 별로 그렇게 특출날 게 없었다. 특히 외환위기 발생 1년 전 증권회사에 취직했던 것만 봐도 주니어 이코노미스트 시절에는 예측력이 솔직히 형편없었던 것 같다. 이렇게 예측력이 떨어지는 주제에 종목 매매인들 잘하겠는가?

나의 고민은 하나로 모아졌다. 예측력이 뛰어나지 않고 재테크에 있어서 특출나게 행운이 따르지 않는 사람은 어떻게 투자해야 하는가? 이 6장에서 제시한 자산배분 전략이 내가 오랜 기간 동안 고민했던 문제에 대한 결론이라고 생각한다. 조금은 따분하지만 잃지 않고 또박또박 벌어나가는 것, 그래서 투자에서 꾸준하게 노후 먹거리를 벌어들이는 것.

이 목표를 달성함에 있어서 아직까지는 미국 주식이나 채권에 투자하는 것 이상의 대안을 찾지 못했음을 고백하는 바다. 혹시 독자 중에 더 좋은 아이디어가 있는 분은 기탄없이 저자의 블로그(blog.naver.com/hong876)나 이메일(hong8706@naver.com)로 연락을 주기 바란다.

마지막으로 이 책을 끝까지 읽은 모든 독자의 가정에 만복이 깃들기를 기도한다.

미국의 장단기 금리 차가 경기 전망에 매우 중요한 변수라는 것을 알게 된 만큼 이제 그 데이터를 다운받는 방법도 설명할 필요가 있을 것 같다.

미국 경제의 중요 데이터가 일목요연하게 잘 정리된 사이트가 미국 세인트루이스 연방준비은행의 홈페이지(http://research.stlouisfed.org/)다. 이 밖에도 미국 경제 통계를 다운받을 수 있는 사이트가 없는 것은 아니지만, 편의성에서 가장 뛰어나다고 볼 수 있어 강력 추천한다.

세인트루이스 연방준비은행의 홈페이지에 접속하면, 아래 화면이 나온다. 여러 재미있는 메뉴가 있지만, 우리의 관심은

경제 데이터의 다운로드에 있으므로 오른쪽 상단에 체크 표시
(∨)된 부분(Research Data)을 클릭한다.

'Research Data' 항목을 선택하면 아래와 같은 새로운 창이
뜬다. 다양한 보고서와 최근에 발표된 통계 정보를 볼 수 있는
흥미로운 곳이지만, 일단은 장단기 금리 차를 계산하기 위해
필요한 미국 금리 데이터를 다운받는 데 집중하자. 경제 데이
터를 다운받는 곳은 새로운 창의 제일 왼쪽 상단 붉은색 박스
로 표시된 부분(Economic Data)이다.

이제 거의 다된 것이나 다름 없다. 새롭게 바뀐 화면에서 붉은색 박스로 표시된 부분(Interest Rates)을 클릭하면, 미국 재무부에서 발행한 다양한 만기의 채권 수익률 데이터를 다운받을 수 있다.

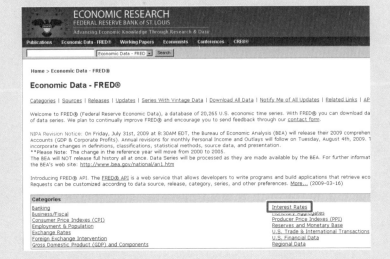

새 창에서 가운데 아랫부분을 보면, 붉은색 박스로 표시된 부분(Treasury Constant Maturity)을 선택한다. 이 단어(Treasury Constant Maturity)는 고정된 만기를 가진 재무성 증권이라는 뜻이니, 우리가 원하는 그 데이터가 맞다.

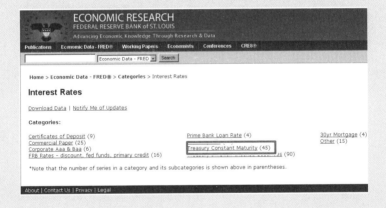

다음 단계는 45개의 고정 만기 재무성증권 금리 중에서 우리가 원하는 금리를 선택하는 것이다. 단기금리는 3개월 만기 재무성증권을, 장기금리는 10년 만기 재무성증권을 선택한다. 그리고 우리는 지금 일별 데이터보다 장기적인 추세를 보길 원하니 주간 기준 데이터를 다운받기로 하자.

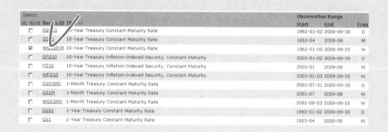

　　새롭게 열린 창에서 전체적인 그래프 모양을 확인한 후, 제대로 된 데이터를 다운받았다는 생각이 들면 다운로드하자. 참고로 그래프에서 음영으로 표시된 부분은 경기 후퇴 국면을 의미하는데, 경기 후퇴 국면에 미국의 10년 만기 재무성증권 금리가 하락하는 것(=가격 상승)을 확인할 수 있을 것이다.

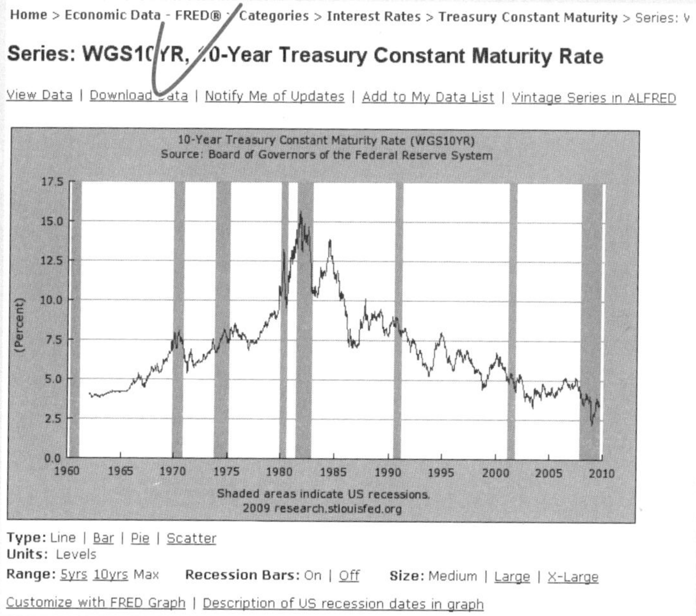
Home > Economic Data - FRED® > Categories > Interest Rates > Treasury Constant Maturity > Series: W
Series: WGS10YR, 10-Year Treasury Constant Maturity Rate
View Data | Download Data | Notify Me of Updates | Add to My Data List | Vintage Series in ALFRED
10-Year Treasury Constant Maturity Rate (WGS10YR)
Source: Board of Governors of the Federal Reserve System
(Percent)
17.5
15.0
12.5
10.0
7.5
5.0
2.5
0.0
1960 1965 1970 1975 1980 1985 1990 1995 2000 2005 2010
Shaded areas indicate US recessions.
2009 research.stlouisfed.org
Type: Line | Bar | Pie | Scatter
Units: Levels
Range: 5yrs 10yrs Max
Recession Bars: On | Off
Size: Medium | Large | X-Large
Customize with FRED Graph | Description of US recession dates in graph

다운받은 엑셀 파일은 다음과 같은 모습일 것이다. 다시 세인트루이스 연준 홈페이로 돌아가서 3개월 만기 재무성증권 금리를 선택하여 데이터를 다운받으면, 장단기 금리 차를 계산할 모든 준비가 완료된 셈이다. 10년 만기 재무성증권 금리를 3개월 만기 재무성증권 금리로 차감하여 새로 그래프를 그리면 아래와 같다.

아래와 같은 모양이 나오지 않는다면, 계산 과정에 식이 잘못되었거나(장기금리−단기금리) 혹은 날짜를 일치시키지 않은 데

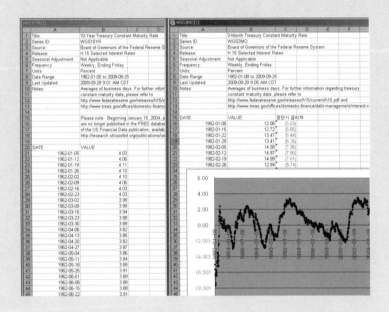

따른 착오일 수 있으니 다시 한번 점검하자. 이런 방법을 이용하면, 미국 기업이 발행한 회사채의 가산금리(10년 만기 미국 Baa 등급 회사채 금리 – 10면 만기 재무성증권 금리)도 쉽게 계산해볼 수 있다.

참고자료

1 신장섭, 〈금융전쟁 : 한국경제의 기회와 위험(2009)〉, 청림출판.

2 한국경제신문(2015.12.16), "위안화 평가절하…중국발 환율전쟁 오나."

3 한겨레신문(2015.7.7), "그리스 정부와 월가의 '어두운 거래' 비극의 씨앗이었다."

4 월스트리트 저널 한국판(2015.6.29), "그리스 은행 영업 중단 선언, 디폴트 시한 폭탄 터질까?"

5 Kenneth S. Rogoff and Carmen M. Reinhart(2009), "This Time Is Different: Eight Centuries of Financial Folly."

6 국제수지 및 경상수지에 대한 정의는 한국은행(2006), "알기 쉬운 경제지표 해설" 중 12장 '국제수지표'를 참조했다.

7 한겨레신문(2015.12.19), "무디스, 한국 신용등급 Aa2로 상향."

8 월스트리트 저널(2013.3.7), "Eight Questions: Michael Pettis, 'The Great Rebalancing.'"

9 국제금융센터(2015.8.15), "중국 지방정부 채무개혁 및 시사점."

10 장영재 박사의 책 〈경영학 콘서트(2010)〉의 264p를 참조했다.

11 미국 소매업종 베스트 애널리스트, 조지프 엘리스의 책 〈경제를 읽는 기술 (2005)〉 129p에서 인용했다.

12 에스와르 S. 프라사드, 〈달러 트랩(2015)〉, 청림출판.

13 짐 로저스, 〈상품시장에 투자하라(2005)〉, 굿모닝북스.

14 네이트 실버, 〈신호와 소음(2014)〉.

15 Niall Ferguson, 〈현금의 지배(Cash nexus), 2002〉.

16 Alan Ahearne, Joseph Gagnon, Jane Haltmaier, and Steve Kamin and Christopher Erceg, Jon Faust, Luca Guerrieri, Carter Hemphill, Linda Kole, Jennifer Roush, John Rogers, Nathan Sheets, and Jonathan Wright(2002),

"Preventing Deflation: Lessons from Japan's Experience in the 1990s", Federal
Reserve Board Working Paper.

17 폴 크루그먼, 〈불황 경제학(1998)〉.

18 Barber & Oeadn(2000), "Trading is hazardous to your wealth: The common
stock investment performance of individual investors", The Journal Of Finance.

환 율 은 경 제 의   체 온 계 다

환율의 미래

1판 1쇄 발행 | 2016년 2월 5일
1판 17쇄 발행 | 2022년 2월 14일

지은이 | 홍춘욱
펴낸이 | 이동희
펴낸곳 | ㈜에이지이십일
디자인 | 최새롬

출판등록 | 제2010-000249호(2004. 1. 20)
주소 | 서울시 마포구 성미산로 1길 5 202호 (03971)
이메일 | book@eiji21.com

ISBN 978-89-98342-19-7(03320)